Diana Schon-Rupp

Befreie Dich und stärke dein Selbstwertgefühl

W0044344

Diana Schon-Rupp

BEFREIE DICH UND STÄRKE DEIN SELBSTWERTGEFÜHL

Wie du dein Selbstbewusstsein stärken, deine Selbstzweifel überwinden
und zu einer respektierten Persönlichkeit voller Lebensfreude werden kannst

dielus edition
www.dielus.com

Sollte diese Publikation Links auf Webseiten Dritter enthalten, so übernehmen wir für deren Inhalte keine Haftung, da wir uns diese nicht zu eigen machen, sondern lediglich auf deren Stand zum Zeitpunkt der Erstveröffentlichung verweisen.

Dieses Buch ist auch als E-Book erhältlich (ISBN 978-3-9823032-8-4)

www.dielus.com

www.facebook.com/dielusediton

www.instagram.com/dielusediton
.

GEPRÜFTER BUCHINHALT
- Angegebene Autorin hat das Buch vollständig selbst verfasst.
- Buchtext wurde auf Plagiate überprüft.
- Fachliche Aussagen wurden durch Dritte begutachtet.

HERAUSGEBER DIESES BUCHS IST EIN BUCHVERLAG
- Professionelle und hochwertige Buchproduktion.
- Ausreichender quantitativer sowie qualitativer Leseumfang.
- Buch durchlief ein Fachlektorat sowie ein Schlusskorrektorat.

VERIFIZIERTE AUTORIN
- Autorenangaben, Foto, Laufbahn und sonstige Informationen über die Autorin entsprechen den tatsächlichen Gegebenheiten.
- Autorin verfügt über anerkannte Berufsabschlüsse oder fachspezifische Zertifikate.
- Autorin ist in ihrem Fachbereich beruflich tätig und gilt als ausgewiesene Expertin.

BEFREIE DICH UND STÄRKE DEIN SELBSTWERTGEFÜHL, Diana Schon-Rupp
Taschenbuchausgabe ©2022 dielus edition Leipzig.
Impressum siehe: www.dielus.com

Alle Rechte vorbehalten.
Dieses Werk ist urheberrechtlich geschützt. Dadurch begründete Rechte, insbesondere der Übersetzung, des Nachdrucks, des Vortrags, der Entnahme von Abbildungen und Tabellen, der Funksendung, der Mikroverfilmung oder der Vervielfältigung auf anderen Wegen und der Speicherung in Datenverarbeitungsanlagen, bleiben, auch bei nur auszugsweiser Verwertung, vorbehalten. Vervielfältigungen des Werkes oder von Teilen des Werkes sind auch im Einzelfall nur in den Grenzen der gesetzlichen Bestimmungen des Urheberrechtsgesetzes in der jeweils geltenden Fassung zulässig. Sie sind grundsätzlich vergütungspflichtig.

Satz, Umschag, Layout:	dielus edition
Illustration:	©iStock.com/nessa2
Lektorat:	Maren Klingelhöfer, www.maren-klingelhoefer.de
ISBN:	978-3-9823032-7-7

Made and printed in Germany
Bibliografische Information der Deutschen Bibliothek: Die Deutsche Bibliothek verzeichnet diese Publikation in der Deutschen Nationalbibliografie; detaillierte bibliografische Daten sind im Internet abrufbar über https://portal.dnb.de

HAFTUNGSAUSSCHLUSS

Wie in jeder Wissenschaft gibt es auch in der Psychologie ständig neue Erkenntnisse. Sowohl durch die Forschung als auch durch klinische Erfahrungen ändern sich die Behandlungen und Therapien fortlaufend.

Die in diesem Buch enthaltenen Ratschläge, Hinweise, Übungen oder sonstige Inhalte werden von der Autorin und dem Verlag nach bestem Wissen und Gewissen publiziert.

Ansprüche an die Autorin oder an den Verlag auf Ersatz bei jeglichem mittelbaren und unmittelbaren Schaden sind ausgeschlossen, denn dieses Buch gibt keine Anleitung zur Selbsttherapie.

Alle aufgeführten Aussagen der Autorin erheben keinen Anspruch auf Allgemeingültigkeit. Sie sollen Leser oder sonstige Betroffene lediglich informieren und müssen im Einzelfall individuell angepasst werden.

Dieses Buch kann eine fachärztliche, psychologische oder therapeutische Behandlung nicht ersetzen.

INHALT

BEGRÜSSUNG

Liebe Leserin, lieber Leser,

schön, dich begrüßen zu dürfen. Da du nach diesem Buch gegriffen und es aufgeschlagen hast, nehme ich an, dass dich das Thema Selbstwertgefühl interessiert und beschäftigt oder dass du jemanden kennst, der mit einem geringen Selbstwertgefühl zu kämpfen hat.

Ich möchte mich dir gerne kurz vorstellen. Mein Name ist Diana Schon-Rupp und ich bin Entspannungscoach aus Leidenschaft.

In meinen Coaching-Sitzungen rund um das Thema Entspannung begegne ich dem Thema mangelndes Selbstwertgefühl so häufig, dass ich mich inzwischen näher damit auseinandergesetzt habe, da diese beiden Themen offensichtlich sehr eng miteinander verbunden sind. Wir können nicht entspannt durch die Welt gehen, wenn in unserem Leben so vieles nicht stimmig für uns ist.

Wie sich herausstellte, ist das Thema mangelndes Selbstwertgefühl ein weites Feld. Geprägt ist es in erster Linie von zu wenig Durchsetzungsvermögen in unseren eigenen wichtigen Angelegenheiten. Es ist sehr facettenreich, mit Höhen und Tiefen gespickt und deshalb, wenn auch nicht neu, immer noch spannend und aktuell.

Dieses Buch habe ich für alle Menschen geschrieben, die mit sich selbst immer wieder hadern und sich nun mit ihren eigenen Gefühlen auseinandersetzen möchten, um sich von diesem unguten Gefühl des mangelnden Selbstwerts zu befreien.

Ich habe für dieses Buch die Du-Form gewählt, da es sich um ein sehr persönliches Thema handelt und ich auch Dinge von mir preisgebe, die ich sonst mit einer guten Freundin teilen würde. Gleich zu Beginn möchte ich dir ein paar ermunternden Worte mit auf die Reise geben:

 **Du bist genau richtig, so wie du bist – mit all deinen vermeintlichen Schwächen und all deinen vielleicht noch unentdeckten Stärken. Du bist einmalig!**

Wie ich mir durch unzählige Gespräche mit Menschen verschiedener Altersgruppen erschließen konnte, ist Selbstwertgefühl weder eine Frage des Alters noch des Geschlechts oder der Bildung. Und es ist auf alle Fälle auch in einem fortgeschrittenen Alter lohnenswert, sich mit dem eigenen Selbstwertgefühl auseinanderzusetzen und von alten Verhaltensmustern zu befreien, denn man kann dadurch nur gewinnen. Das sind doch schon einmal sehr gute Nachrichten!

An dieser Stelle möchte ich dir schon das erste kleine Geheimnis über meine Person anvertrauen. Bevor ich mich dazu entschlossen hatte, Entspannungscoach zu werden, hatte ich selbst sehr lange mit einem fast nicht vorhandenen Selbstwertgefühl zu kämpfen. Ich habe mich so gut wie immer in Frage gestellt und die Bewertungen anderer Menschen waren mir meist wichtiger als ich selbst. Bis mir eines Nachts, ich lag in einem eher unruhigen Schlaf, blitzartig eine Frage durch den Kopf schoss und mich für lange Zeit nicht mehr einschlafen ließ. Diese lautete: „Bin ich vielleicht niemand?"

Tags zuvor hatte ich mich nämlich maßlos über mich selbst aufgeregt, weil ich in einem Gespräch wieder einmal nicht den Mund aufgemacht hatte, als es angebracht gewesen wäre, mich verbal zur Wehr zu setzen.

Wenn mir der tiefere Sinn dieser doch eher simplen Frage schon früher bewusst gewesen wäre, hätte mein Leben für mich durchaus leichter verlaufen können. Dann hätte ich mit ziemlich hoher Wahrscheinlichkeit manche Weichen anders gestellt und mich schon viel früher von einigen eingefahrenen Denkmustern befreit. Dann hätte ich jedoch mit noch größerer Wahrscheinlichkeit dieses Buch nicht schreiben können.

Aber wie meine kluge Großmutter schon wusste: „Hätte, hätte, Fahrradkette."

Rückwirkend kann ich nichts mehr verändern, dessen wurde ich mir gewahr, aber nach vorne schauen und nach Lösungen suchen war durchaus eine Option, die ich in Erwägung ziehen wollte.

Die Frage „Bin ich vielleicht niemand?" habe ich übrigens genau dieser Großmutter zu verdanken. Bitte gestatte mir an dieser Stelle eine kleine Zeitreise zurück in meine Vergangenheit, um sie dir vorzustellen:

Meine Großmutter väterlicherseits war eine kleine, zierliche Person, die, wie viele Frauen dieser Zeit, das

Schicksal ertragen musste, durch den Zweiten Weltkrieg zur Witwe geworden zu sein. Mein Großvater war nicht aus Russland zurückgekehrt. Plötzlich stand sie seinerzeit ohne Mann da und musste für ihre drei kleinen Kinder allein sorgen. Erschwerend waren auch die Umstände, dass sie und die Kinder kein Zuhause mehr hatten und Essen Mangelware war. Denn sie erlebten die Kriegs- und Nachkriegsjahre im gänzlich zerstörten Heilbronn. Als es meiner Großmutter nach dem Aufbau wieder etwas besser ging und Essen nicht mehr rationiert war, hatte sie es sich zur Gewohnheit gemacht, jeden Tag eine ordentliche Mahlzeit für sich und ihre Kinder auf den Tisch zu bringen. Das tat sie dann für ihr ganzes restliches Leben, solang sie physisch dazu in der Lage war, also bis weit in ihre achtziger Jahre. Ihre Mahlzeit bestand täglich aus mehreren Gängen: einer Suppe, einem kleinen Salat, einem Hauptgang und einem Dessert. Diese ihr lieb gewordene Gewohnheit legte sie auch nicht ab, als ihre Kinder erwachsen und schon lange von zu Hause ausgezogen waren.

Meine Großmutter war gelernte Schneiderin, und wenn Kundinnen zu ihr kamen, um ihre Änderungen zu bringen oder abzuholen, und das Haus nach Essen duftete, wurde sie oft gefragt, was denn hier so gut riechen würde. Dann gab sie zur Antwort, dass sie schon das Mittagessen vorbereite. Wenn sie die Nachfrage, ob sie denn Besuch erwarte, verneinte, wurde sie nicht selten mit großen Augen angesehen und verwundert gefragt: „Sie betreiben den großen Aufwand und kochen nur für sich allein?" Und ihre klare Antwort war jedes Mal: „Aber selbstverständlich, bin ich vielleicht niemand?"

Obwohl ich als Kind diesen Dialogen sehr oft folgen konnte, hat sich dieses Selbstbewusstsein bei mir leider nicht verankert. Meine Großmutter war sich ihres Wertes stets voll bewusst und hat sich deshalb, als es endlich wieder möglich war, jeden Tag mit einem schönen Essen beschenkt. Und sie hat damals noch richtig gekocht. Bei ihr kam nichts aus Päckchen oder Tüten in den Topf. Das heißt, die Zubereitung dieser Mahlzeiten war mit einem erheblich größeren Zeitaufwand verbunden, als wir das heute kennen. Aber sie war sich das einfach wert.

Ich hingegen musste mir mein Selbstwertgefühl hart erarbeiten und es hat Jahre gedauert, bis ich diesbezüglich annähernd an meine Großmutter herankam. Auch heute noch muss ich mir in bestimmten Situationen meinen eigenen Wert immer wieder vor Augen führen, was mir mittlerweile aber immer besser gelingt. Und sollte ich doch einmal an mir zweifeln, so habe ich meine liebe Familie und meine Freunde, die mir den Rücken stärken. Manchmal brauchen wir auch einmal jemanden zum Anlehnen. Das kennst du sicher auch aus eigener Erfahrung. Und das ist auch überhaupt nicht schlimm und es ist keine Schwäche.

Da du das Buch noch immer in der Hand hältst und hineinliest, gehe ich davon aus, dass es mit deinem eigenen Selbstwert im Moment auch nicht allzu gut bestellt ist. Aber das ist durchaus kein Schicksal, mit dem du hadern oder leben musst. Du kannst, wenn du es möchtest, selbst etwas daran ändern.

Mit diesem Buch möchte ich dich dazu ermutigen, dich von alten Verhaltensmustern zu befreien und dein Selbstwertgefühl zu stärken. Ich ermögliche dir Einblicke in verschiedenste Szenarien, die ich selbst erlebt habe oder die mir erzählt wurden. Selbstverständlich sind Erfahrungen, die ich hier teile, aber nicht meine eigenen sind, von mir in fiktive Geschichten verpackt worden, sodass kein Vertrauen missbraucht oder gar meine Schweigepflicht gebrochen wird.

Meine aus persönlichen Erlebnissen und vielen Erzählungen resultierenden Erkenntnisse und Erfahrungen sollen dich begleitend unterstützen. Sie sollen dir Mut machen, an dich selbst zu glauben und stolz auf dich zu sein. Sie sollen dir dabei helfen, deinen eigenen Weg zu finden, um dein Leben so zu gestalten, dass du glücklich darin bist.

Beginne zunächst damit, dich selbst nicht zu streng zu kritisieren. Sich selbst zu hinterfragen, ist gut und wichtig, denn es bringt uns voran. Sich dabei aber selbst klein und unbedeutend zu machen, schadet uns und bremst uns aus. Deshalb meine Bitte an dich: Stelle niemals dein Licht unter den Scheffel. Du bist als Mensch gut und perfekt, genauso wie du bist.

Dinge, die dich in deinem jetzigen Leben stören, kannst du immer wieder selbst verändern und verbessern. Du kannst dich von allem verabschieden und befreien, was dir nicht gefällt oder guttut. Und in Bereichen, in denen das aus ganz bestimmten Gründen nicht möglich sein sollte, kannst du lernen, wenigstens deine Einstellung zu ändern. Das für sich allein bringt dann schon ganz viele entspannte Momente in dein Leben. Denn es ist nicht hilfreich, sich an Dingen aufzureiben, die sich – vielleicht auch nur in diesem Moment – nicht ändern lassen.

Gelassenheit ist eine Fähigkeit, die in jedem von uns steckt, und darauf kannst du mit etwas Übung immer verlässlich zurückgreifen. Und du kannst jederzeit deinen Blickwinkel verändern. Denn das Glas ist immer halbvoll oder halbleer, je nachdem, wie du es betrachtest. Machen wir uns bewusst: Die Menge ist immer die gleiche, nur unsere Sicht darauf beziehungsweise unsere Einstellung dazu ist es nicht.

Um in deinem Leben Veränderungen vornehmen zu können, kommst du natürlich nicht darum herum, dein Leben ganz genau zu betrachten und dein eigenes Verhalten ehrlich selbst zu reflektieren. Es kommt also Arbeit auf dich zu, dessen solltest du dir bewusst sein. Wenn du diese jedoch gezielt angehst, wirst du Erfolge von ungeahntem Ausmaß verbuchen können.

Das klingt doch ermutigend und erfreulich. Ich hoffe, du stimmst mir in diesem Punkt uneingeschränkt zu. Denn das ist der erste Schritt durch die Tür in dein selbstbestimmtes Leben hin zu deinem hohen Selbstwertgefühl.

Ich weiß aus eigenem Erleben, dass es nicht immer einfach ist, sich mit sich selbst auseinanderzusetzen. Eine gute und ehrliche Selbstreflexion bedarf einer gewissen Stärke und Konsequenz. Denn nicht alles, was wir über uns selbst in Erfahrung bringen, muss uns auch zwangsläufig gefallen. Es rücken unter Umständen wieder Dinge ins Bewusstsein, die du vielleicht lange Zeit erfolgreich in deinem Unterbewusstsein vergraben hast. Aber das Unterbewusstsein ist nicht tot. Es schlummert nur. Es ist vergleichbar mit einem Vulkan, der ruht. Und dann eines Tages, wenn du gar nicht damit rechnest, bricht er unvermittelt aus.

Es kann uns ganz schön Energie abverlangen und uns mürbe machen, wenn wir plötzlich wieder mit Dingen konfrontiert werden, die uns auch schmerzen können. Darauf solltest du dich einstellen. Deshalb fühlst du dich an manchen Tagen vielleicht einfach nicht dazu in der Lage, an dir zu arbeiten. Das ist gar nicht weiter schlimm, denn das ist auch ein Teil deines ganz persönlichen Heilungsprozesses. Wenn du Abstand brauchst, dann legst du einfach eine Entspannungspause von ein bis zwei Tagen ein. Das hat nicht einmal ansatzweise etwas mit Versagen zu tun, ganz im Gegenteil. Wenn du erkennst, dass dich etwas überfordert, dann bist du nicht schwach, sondern voll und ganz achtsam und selbstfürsorglich.

Wichtig ist nur, dass du auf längere Sicht konsequent am Ball bleibst, um an dir zu arbeiten. Sonst bleiben deine Erfolge leider aus. Auch hier gilt wie in vielen

Bereichen des Lebens: ohne Fleiß kein Preis. Denn erst wenn du erkennst und weißt, was dir wichtig ist und was und wer in deinem Leben Platz haben soll, kannst du dein Leben so gestalten und ausrichten, dass es für *dich passt* und *dich glücklich* und *zufrieden* macht. Und diese Mühe lohnt sich auf alle Fälle, da die Zufriedenheit mit dir selbst und deinem Leben einen nicht unerheblichen Teil deiner Lebensqualität ausmacht.

Aus diesem Grund ist es auch sehr wichtig, dir Ziele zu setzen. Aber auch das sollte kein Problem sein, denn es handelt sich um *deine* ureigensten *Ziele*, und das ist ermutigend und erfreulich.

Denn:

> „WER DAS ZIEL KENNT, KANN ENTSCHEIDEN.
> WER ENTSCHEIDET, FINDET RUHE.
> WER RUHE FINDET, IST SICHER.
> WER SICHER IST, KANN ÜBERLEGEN.
> WER ÜBERLEGT, KANN VERBESSERN.“
> Konfuzius (551–479 v. Chr.)

Ich wünsche dir, dass dieses Buch dich dabei unterstützt, Klarheit über deine Ziele zu erlangen. Ich wünsche dir, dass du es schaffst, dein Leben in deinem Sinn zu verändern und zu gestalten. Es wird dir genau wie mir selbst nicht alles zu einhundert Prozent glücken und es wird mit Sicherheit auch nicht alles zu einhundert Prozent gut. Denn das Leben hat immer unerwartete Wendungen und Überraschungen für uns parat und diesen gilt es zu begegnen – im Guten wie im Schlechten.

Aber es wird auf alle Fälle besser! Viel besser. Denn du wirst auch erleben, wie befreiend es ist, selbstbestimmt deinen Weg zu gehen, wie glücklich es macht, ein gesundes und starkes Selbstwertgefühl zu haben.

In diesem Sinne wünsche ich dir viel Freude beim Lesen, Träumen, Planen, Finden, Gestalten und Verändern.

Herzlichst

deine Diana

WIE ALLES BEGANN ...

Ich bin in meinem Leben so oft umgeformt und angepasst worden, dass ich irgendwann an einem Punkt angelangt war, an dem ich weder gewusst habe, wer *ich* bin, noch was *ich* will. Ich habe an mir herumzerren lassen und mich untergeordnet, weil ich es so gewohnt war und auch nicht erkennen konnte, wie ich mich davon hätte frei machen können. Damals fand ich in der Welt der Filme einen wunderbaren Zufluchtsort, der mir nicht nur Geborgenheit bot, sondern auch die Möglichkeit gab, die Dinge um mich herum in einem anderen Licht zu betrachten. Denn ich sah mit großer Begeisterung Filme mit Frauen, die stark und selbstbewusst waren oder es im Laufe der Handlung wurden. Sie waren meine Idole.

Einer meiner Lieblingsfilme war „Eat Pray Love", in dem Julia Roberts die Autorin Elizabeth Gilbert verkörpert, die sich nach der Trennung von ihrem Mann neu finden muss. Dazu begibt sie sich auf eine längere Reise. In Indien lernt sie schließlich Richard kennen, der sie liebevoll Groceries (Lebensmittel) nennt, weil sie immer einen so unsäglichen Appetit hat. Einmal sagt er zu ihr: „Groceries, du hast kein Rückgrat, sondern eine Wünschelrute." Ich mag diesen Satz, denn er bringt charmant, aber treffend auf den Punkt, wie es vielen von uns, denen es an Selbstwertgefühl mangelt, geht. Um unseren Standpunkt klar zum Ausdruck bringen zu können, brauchen wir ein gutes und stabiles Rückgrat. Wir brauchen Haltung und Stärke, damit wir stabil dastehen, falls uns ein starker Wind des Widerstandes entgegenbläst. Und auf Widerstand kannst du dich auf alle Fälle schon einmal einstellen, wenn du damit beginnst, an deinem Selbstwertgefühl zu arbeiten. Denn es wird nicht jedem in deinem Umfeld gefallen, dass du fortan nicht mehr immer bequem und nach den Bedürfnissen anderer formbar bist. Und genau dafür brauchst du Stärke und Zuversicht, damit sich alles so gestalten wird, dass es für dich passt.

Wenn du mich fragen würdest, ob ich all die negativen Erfahrungen, die ich in meinem bisherigen Leben gemacht habe, hätte umgehen können, so müsste ich ganz klar mit Nein antworten.

Denn ich war gar nicht dazu erzogen worden, mein Leben selbst in die Hand zu nehmen. Ich wurde zwar von meiner Mutter dazu angehalten, selbständig zu sein, aber bitte nur im Rahmen ihrer Vorstellungen und Grenzen.

Was den Haushalt und die Mitversorgung meines kleinen Bruders anging, so wurde schon sehr früh die Anforderung an mich gestellt, selbständig und verantwortungsbewusst zu agieren. Denn meine Mutter war alleinerziehend und voll berufstätig. So wurde ich zu einem Kind mit der Verantwortung eines Erwachsenen. Traf ich aber im Laufe der Zeit selbständig Entscheidungen, die mich persönlich angingen, so war dies weit weniger beliebt oder gewünscht. Verlässlich und folgsam? Ja. Autark, mutig und stark? Nein!!!

An dieser Stelle möchte ich anmerken, dass ich heute, da ich selbst Mutter bin, weiß, dass es mit Sicherheit nie in der Absicht meiner Mutter lag, mein Selbstwertgefühl zu schwächen. Und dennoch war es sehr zu meinem Leidwesen geschehen.

Erst viele Jahre später wurde mir bewusst, dass mit meinem Leben und meinem Verhalten irgendetwas nicht stimmen konnte, was letztendlich dazu geführt hat, dass ich mich immer unbehaglicher fühlte. Deshalb begann ich mit der Zeit, nach den Ursachen zu forschen, und erkannte nach und nach, dass ich alles, was bei mir nicht rundlief, auf meine ungesunden Verhaltensmuster zurückführen konnte. Ich begann damit, meine Motive zu hinterfragen und mein Verhalten zu reflektieren. Und mir wurde immer klarer, dass ich einer ganz bestimmten Konditionierung gefolgt war. Diese Konditionierung bedeutete in meinem Fall, immer brav und folgsam zu sein und möglichst das zu tun, was andere von mir erwarteten.

Bei meinen Recherchen und in vielen Gesprächen fiel mir auf, dass ich mit meiner Konditionierung nicht allein dastand. Je mehr ich mich offen mit anderen Menschen darüber unterhielt, desto klarer wurde mir: Vielen Menschen ging es ganz genauso wie mir. Es gab so unvorstellbar viele Parallelen, dass es mir zeitweise sogar ein kleiner Trost war.

Ein geringes Selbstwertgefühl ist ein Defizit, mit dem wir nicht gerne hausieren gehen. Wenn wir uns aber überwinden und uns öffnen, dann werden sich erstaunliche Dinge tun. Denn wenn wir genau hinsehen und anderen Menschen zuhören, dann erkennen wir sehr viele Ähnlichkeiten zu unserem eigenen Leben, und das nimmt uns schon einmal ganz viel Druck. Es löst nicht die eigenen Probleme, aber es zeigt uns, dass wir nicht allein sind. Eine Gemeinsamkeit kommt hierbei ganz deutlich zum Vorschein: Wenn man uns darauf konditioniert, es jedem recht machen zu wollen, bleiben wir selbst dabei unweigerlich auf der Strecke. Wir haben dann nämlich nicht gelernt, uns abzugrenzen oder unsere eigenen Positionen ganz klar und zu unseren Gunsten zu vertreten.

Was uns meist noch schwerer fällt, als uns zu positionieren, ist das schlichte Wort Nein zu benutzen. Dies ist besonders dann der Fall, wenn wir von anderen Menschen abhängig sind, sei es nun emotional oder finanziell. Bei Kindern gilt das im Allgemeinen sogar für beide Kriterien.

Wenn wir uns in Abhängigkeiten befinden, dann sind wir meist auch von Angst und Selbstzweifeln geplagt. Aus diesem Grund trauen wir uns nicht sehr viel zu und agieren entsprechend zurückhaltend. Wir haben große Furcht davor, uns anderen gegenüber zu widersetzen. Dies resultiert aus negativen Erfahrungen, die wir in früher Kindheit gemacht und welche uns geprägt haben.

Menschen mit wenig Selbstwertgefühl haben meist auch sehr starke Verlustängste und sind nicht selten sehr pessimistisch gestimmt. Das ist ein Phänomen, das mir in meinen Coaching-Gesprächen immer wieder, wenn auch in unterschiedlichen Facetten, begegnet. Mit einem geringen Selbstwertgefühl wird das Glas eher als halbleer denn als halb halbvoll betrachtet. Diese negative Grundtendenz führt unweigerlich zu Anspannungen in unserem Körper. Sie äußern sich sehr oft im sprichwörtlichen Zähnezusammenbeißen. Denn wir fühlen uns innerlich bedroht. Und unser Körper, der darauf ausgerichtet ist, unser Überleben zu sichern, bereitet sich automatisch auf eine Kampf- oder-Flucht-Situation vor.

Die Furcht vor Auseinandersetzungen schützt uns jedoch nicht davor, dass wir gelegentlich überreagieren oder unvermittelt toben – ganz im Gegenteil. Wenn wir alles, was uns belastet, in uns anstauen, braucht es dazu nur eine Kleinigkeit. Irgendwann ist schließlich das Maß voll, der letzte Tropfen hat unser Fass zum Überlaufen gebracht und wir explodieren wie ein Dampfkochtopf, der seinen Druck nicht gezielt abführen konnte. Und dann ist unser Umfeld erschrocken, verblüfft und irritiert. Wir selbst fühlen uns im Nachhinein meist schuldig, weil wir die Beherrschung verloren haben. Doch wie können wir das in Zukunft vermeiden?

Es gilt, Lösungen zu finden, mit denen wir ein besseres Selbstwertgefühl und mehr Entspannung erzielen können.
Davon profitieren wir selbst, aber auch unsere Mitmenschen.

Diese Erkenntnis brachte mich zu dem festen Entschluss, in meinem Leben etwas zu ändern. Ich wollte mich von alten Verhaltensmustern befreien. Und ich war bereit, dafür meine eigenen Schlachten zu schlagen.

Aber wie schon einst Napoleon konnte auch ich meine Schlachten nicht allein gewinnen. Wir alle brauchen ein kleines Heer an Verbündeten, die uns in schweren Zeiten unterstützen. Zu meinem Glück traf ich auf meinem Weg einige freundliche, hilfsbereite und empathische Menschen. Sie haben mir dabei geholfen, mich in meinem Leben geschickter zu positionieren. Sie waren meine ganz persönliche Truppe, die bereit war, mich ohne Hintergedanken zu unterstützen, keine bezahlten Söldner, sondern Menschen, die aus freien Stücken für andere einstehen.

 **Wenn du hilfreiche Menschen in deinem Umfeld hast, so behandle sie bitte immer gut und mit Wertschätzung, denn sie sind nicht mit Gold aufzuwiegen.**

Diese Menschen halfen mir dabei, Entscheidungen zu treffen, die besser und sogar gesünder für mich waren und die es bis heute sind. Sie halfen mir, mich in Gegenden zu bewegen, von denen ich nicht einmal zu träumen gewagt hätte. Sie unterstützten mich dabei, zu mir selbst zu finden.

Heute führe ich ein Leben, das mich sehr erfüllt und viel besser zu mir passt.

Aber bis zu dieser glücklichen Wendung in meiner Biografie war es ein langer und manchmal harter und steiniger Weg. Ich werde im Laufe des Buches immer wieder davon berichten.

Ein Sprichwort besagt: „*Wo viel Licht ist, ist auch viel Schatten.*"

Und wie das Leben nun einmal so spielt, traf ich natürlich auch auf Personen, die es nicht so gut mit mir meinten – egoistische, habgierige und rücksichtslose Menschen ohne Empathie, die nur ihre eigenen Interessen im Blick haben und dabei andere erfolgreich ignorieren und manipulieren.

Um solche Menschen kommen wir leider nicht herum. Solchen Menschen begegnen wir zwangsläufig, denn die Welt ist voll davon. Wir können sie nun als unsere Feinde betrachten oder als unsere Herausforderung. Ich entschied mich irgendwann dafür, dass diese Menschen für mich künftig eine Herausforderung darstellen, die ich annehmen muss. Du wirst vielleicht auch feststellen, dass wir genau an diesen Menschen wachsen können.

Wenn du jetzt kurz im Geiste dein Umfeld vor dir siehst, fallen dir ganz bestimmt spontan auch ein paar von dieser Sorte ein.

Die *schlechte Nachricht* ist: **Diese egoistischen Menschen werden wir nicht ändern.**
Die *gute Nachricht* ist: **Wir müssen es auch gar nicht!**

Was wir in unserem eigenen Interesse allerdings tun sollten, ist, unsere Haltung diesem Personenkreis gegenüber zu überdenken.

Denn wir selbst haben es in der Hand, wie wir solchen Menschen begegnen wollen und wie viel Gewicht wir ihrem Handeln geben. Denn du wirst mit der Zeit sehr wahrscheinlich auch die Erkenntnis gewinnen, dass du ihnen durch weniger Beachtung sehr viel Macht entziehen kannst. Das wird dir gelingen, indem du damit aufhörst, dich gedanklich immer wieder mit diesen Menschen zu beschäftigen. Denn immer, wenn du über sie, wenn auch unbewusst, Bewertungen abgibst, räumst du ihnen wieder Platz in deinem Leben ein. Lass sie sein, wie sie wollen, und kümmere dich mehr um dich selbst. Dass diese Menschen so sind, hat nichts mit dir zu tun. Es ist einfach ihr Charakter.

Du und ich allein entscheiden über unsere Gedanken und unsere Bewertungen.

Und hierin liegt der Schlüssel zur Befreiung, Veränderung und Entspannung in unserem Leben. Denn wie wir eine Situation oder eine Person bewerten, entscheidet ganz maßgeblich darüber, wie wir uns verhalten und fühlen.

Es gibt nämlich einen direkten Zusammenhang zwischen Gedanken und Gefühlen. Wir müssen etwas nicht real erleben, um uns danach gut oder schlecht zu fühlen. Gedanken allein reichen dazu schon aus:

Positive Gedanken **erzeugen automatisch** *positive Gefühle.*

Negative Gedanken **erzeugen automatisch** *negative Gefühle.*

Unser Gehirn ist nicht dazu im Stande zu unterscheiden, ob eine Situation real oder nur in unseren Gedanken, also fiktiv, stattfindet. Wenn man das nun liest, so könnte man glauben, man sei seinen Gefühlen hilflos ausgeliefert. Aber ganz genau das Gegenteil ist der Fall. Bei genauer Betrachtung ist diese Tatsache eine super Sache für uns, denn so können wir uns jederzeit selbst zu einem guten Gefühl verhelfen. In Bezug auf die Bewertung andere Menschen bedeutet das einen großen Gewinn für uns selbst. Durch die Technik der Visualisierung können wir uns aus der Opferrolle befreien oder uns für den Anfang zumindest in eine Position bringen, in der wir uns besser fühlen.

Ich möchte dich deshalb an dieser Stelle dazu ermuntern, es mit einer kleinen Übung einmal selbst auszuprobieren.

Praxis

Übung 1

AUTOSUGGESTION DER EIGENEN GEFÜHLE

Nimm dir für die Übung eine kurze Auszeit und suche dir einen angenehmen und ruhigen Platz. Mache es dir bequem und schließe dann deine Augen.

Und nun stelle dir bitte einmal vor, du liegst auf einer ganz bequemen Liege im Schatten in deinem wunderschönen Garten. Ein leichter Lufthauch streichelt deine Arme und Beine und dein Kopf ruht ganz weich auf einem schönen Kissen. Du blickst durch deine Sonnenbrille in den strahlend blauen Himmel, der nur mit ein paar zarten, vorbeiziehenden Wolken garniert ist. Du liegst hier ganz entspannt, genießt deinen immer ruhiger werdenden Atem und die angenehme Stille.

Nimm nun bitte ganz bewusst deine Stimmung wahr. Fühle sie ganz intensiv. Deine Stimmung dürfte nun gut und ausgeglichen sein und du könntest ewig darin verweilen.

Kannst du spüren, wie sich diese angenehmen Gedanken positiv auf deine Gefühle auswirken?

Genieße diesen Zustand für einige Zeit ganz bewusst! Gönne ihn dir!

Und nun stelle dir bitte vor, wie du weiterhin gemütlich vor dich hin döst, ganz gelöst und glücklich, und plötzlich schreckst du hoch. Was zum Teufel ist das? Dein Nachbar hat die Heckenschere angeworfen und seine Frau den Rasenmäher! Dieser ohrenbetäubende Lärm reißt dich aus deiner idyllischen Ruhe. Das ist dein erster freier Nachmittag seit Monaten. Du hattest dich so darauf gefreut. Und du spürst, wie die Wut in dir hochkocht. Du könntest weinen und schreien vor Zorn ...

Versuche bitte, dich ganz bewusst auf diese negative Stimmung einzulassen.

Nun kannst du selbst feststellen wie sich innerhalb weniger Augenblicke deine vorherige Hochstimmung negativ verändert und du auf einmal wütend und/oder traurig bist. Konntest du die Veränderung deiner Stimmung deutlich wahrnehmen?

Ja? Das ist sehr gut.

Nun gehe bitte noch einen Schritt weiter: Mach dir bitte ganz bewusst, wie sich deine Stimmung verändert hat, obwohl das alles in Wirklichkeit gar nicht stattgefunden hat!

Diese Übung führt uns ganz deutlich vor Augen, wie viel Macht und Einfluss unser eigenes Denken und unsere persönlichen Bewertungen auf unser Wohlbefinden, unsere Entspannung und die damit verbundene Zufriedenheit haben.

Die oben angeführten Gedankenübungen sind auch bekannt als Autosuggestionen. Du kennst sie vielleicht bereits aus dem Autogenen Training. Sie verdeutlichen, dass wir allein durch unsere Vorstellungskraft in der Lage sind, unsere Stimmungen positiv oder negativ zu beeinflussen und zu verändern. Wie oben bereits erklärt, können wir diese Techniken nutzen, um unsere Gefühle selbst zu steuern und zu regulieren.

Wir können daraus die Erkenntnis ziehen, dass nicht unser Gegenüber es in der Hand hat, ob wir uns gut oder schlecht fühlen, sondern nur wir selbst! Durch die negative Beurteilung einer vielleicht neutralen Situation schaffen wir uns selbst unser eigenes Unbehagen. Davon sollten wir uns unbedingt befreien.

Anna Eleanor Roosevelt (1884–1962), US-amerikanische Menschenrechtsaktivistin und Diplomatin, hat es sehr schön zum Ausdruck gebracht:

„NIEMAND KANN DIR OHNE DEINE ZUSTIMMUNG DAS GEFÜHL GEBEN, MINDERWERTIG ZU SEIN."

Du wirst in diesem Buch im Übrigen noch auf einige Zitate und Sprüche stoßen, die mich persönlich inspiriert haben. Sie haben mir sehr oft als Gedankenstützen geholfen oder mich erheitert. Deshalb möchte ich sie dir auch nicht vorenthalten.

Eines der für mich wichtigsten Zitate gleich zu Beginn meiner Veränderung stammt aus dem Buch *Goldene Worte des Glücks* von seiner Heiligkeit, dem XIV. Dalai Lama, das ich von einer netten Freundin geschenkt bekommen habe:

„Religiöse Menschen sollten wissen, dass weder Segnung noch Weihe – wenn wir denn Zugang dazu hätten – es vermöchten, unseren Wandel sofort herbeizuführen. Ebenso wenig sollte man auf eine geheimnisvolle oder magische Formel hoffen oder ein Mantra oder Ritual. Der Wandel vollzieht sich Schritt für Schritt so wie bei einem Gebäude ein Ziegel auf den anderen gesetzt werden muss. Es gibt keine Abkürzungen."

Also nimm dir die Zeit für deine Entwicklung, die du persönlich brauchst.

Es ist nicht wichtig, dass du riesige Schritte machst oder dich beeilst. Geh immer einen Schritt nach dem anderen. Mach wenn nötig ganz kleine Schritte in deiner ganz eigenen Schrittlänge und deinem eigenen Tempo.

Aber lauf los!

Bleib konsequent in Bewegung zu deinem Ziel. Kleine Ruhepausen kannst du dir natürlich immer einräumen, aber verliere dabei nie dein Ziel aus den Augen: den Wunsch nach Veränderung zu mehr Selbstwertgefühl!

Finde in sieben Phasen zu deinem neuen Selbstwertgefühl. Je eher du damit anfängst, dich zu bewegen, dich zu behaupten und für dich selbst einzustehen, desto eher wirst du dich besser fühlen.

Wenn du nun bereit bist, beginnen wir mit Phase 1.

Hier erfährst du zunächst, wo mangelndes Selbstwertgefühl seinen Ursprung hat und welche Folgen sich daraus ergeben können.

Phase 1

DER URSPRUNG MANGELNDEN SELBSTWERTGEFÜHLS

„DIE EINDRÜCKE DER KINDHEIT WURZELN AM TIEFSTEN."
Karl Emil Franzos (1848–1904), österreichischer Jurist und Schriftsteller

Am einfachsten und bequemsten ist es, für alles, was im eigenen Leben nicht rundläuft, einen Schuldigen zu suchen und im Idealfall auch zu finden. Dann kann man sich entspannt zurücklehnen, mit dem Finger auf den Verursacher zeigen und muss sich selbst nicht reflektieren und nicht an sich arbeiten. Sehr gut geeignet für Schuldzuweisungen sind die eigenen Eltern. Denn sie haben uns geprägt, und alle Eltern machen Fehler bei der Erziehung ihrer Kinder. Das war bei meiner Großmutter so, die ihre Fehler bei meiner Mutter machte, und bei meiner Mutter, die ihre Fehler bei meinem Bruder und mir machte. Und natürlich auch ich selbst als Mutter habe, wie ich im Nachhinein einräumen muss, Fehler gemacht. Es gibt einige Dinge, die ich mit etwas Abstand betrachtet heute ganz bestimmt nicht mehr so machen würde. Aber damals erschienen mir meine Entscheidungen richtig.

Zu meinem großen Glück habe ich einen wunderbaren und verständnisvollen Sohn, der mir auf die Frage, was ich aus seiner Sicht falsch gemacht habe, erklärte: „Mama, das passt schon." Wir haben selbstverständlich auch hier und da unsere kleinen Reibungspunkte, aber im Großen und Ganzen haben wir ein sehr offenes und inniges Verhältnis, für das ich sehr dankbar bin.

Ich kenne kaum jemanden, der nichts aus seiner Kindheit zu beklagen hätte. Wenn man genau hinsieht und hinhört, finden sich in jeder Familie Dinge, die besser hätten laufen können oder sollen. Deshalb kann es sein, dass wir unsere Probleme und deren Ursachen allein auf des Fehlverhalten unserer Eltern zurückführen möchten. Und das ist einfach nicht fair. Noch dazu ist es auch nicht hilfreich, da wir an Vergangenem ja nichts mehr ändern können – ich nicht und du auch nicht. Wir kultivieren die Schuldzuweisungen im Laufe unseres Lebens oft noch, indem wir für alles, was uns im eigenen Leben nicht passt, in unserem Umfeld einen Schuldigen finden. Und wir schaffen es mit etwas Übung sogar, Menschen in unserem Umfeld ganz plausibel zu erklären, warum sie schuld an unserer Misere sind. Wenn unser Umfeld die Anschuldigungen nicht hinterfragt, können wir damit sehr lange erfolgreich durchkommen (siehe Phase 2). Aber uns selbst hilft das leider in keiner Weise.

Deshalb sollten wir aus dem Karussell der Schuldzuweisungen aussteigen. Dabei handelt es sich meist um Themen wie:

- „Wenn meine Eltern mich mehr gefördert hätten, dann ..."
- „Wenn mein Vater mehr Geld verdient hätte, dann ..."
- „Wenn meine Mutter nicht berufstätig gewesen wäre, dann ..."

Ich könnte hier noch unzählige weitere Ausreden aufzählen, die uns von einem erfüllten und selbstbestimmten Leben abhalten. Doch wenn unsere Gedanken um solche spekulativen Themen kreisen, sind wir nach meiner Erfahrung auch dazu in der Lage, zu handeln und Lösungen für uns zu finden. Spätestens, wenn wir von zu Hause ausgezogen sind und ein entsprechendes Alter erreicht haben, sind wir für unser Handeln selbst verantwortlich.

Es stimmt natürlich, die Grundsteine für unsere späteren Verhaltensmuster wurden in unserer Kindheit gelegt. Alles, was wir als Kleinkind und später als Kind von unseren Eltern lernen und abschauen, wird unser weiteres Leben prägen. Wir eignen uns Verhaltensmuster an, die wir danach immer und immer wiederholen. Sie sind uns zur Gewohnheit geworden, die wir so gut wie nie in Frage stellen. Wir sind dann über Jahre oder Jahrzehnte darauf konditioniert, diese Gewohnheiten fortzuführen. Sind diese Verhaltensmuster erst einmal vorhanden, so lassen sie sich auch nicht so einfach wieder auslöschen. Jedoch ist es möglich, dass wir sie nach und nach wieder ablegen, sodass sie dann mit der Zeit verblassen oder ganz verschwinden.

Ich vergleiche es sehr gerne mit einem Tattoo. Hat man es sich erst einmal stechen lassen, ist es da – und zwar genau so, wie es angefertigt wurde, egal ob es schön oder hässlich ist, was ja generell im Auge des Betrachters liegt. Manchmal ist das Tattoo klein, dezent und fällt kaum auf. Manchmal ist es so groß, dass es den ganzen Körper bedeckt. Für den Fall, dass es uns nicht mehr gefällt, muss es aber nicht immer so bleiben. Wenn wir Glück haben, verblasst es mit der Zeit. Oder es kann überzeichnet oder operativ entfernt werden.

Und genau so ist es mit unseren Verhaltensmustern. Wir müssen nicht in dem verharren, was uns beigebracht oder gar zugefügt wurde. Wir dürfen, können und müssen unser Verhalten hinterfragen, es beleuchten und verändern, wenn wir merken, dass es uns damit nicht gut geht oder dass die alten Konditionierungen sich für uns einfach nicht mehr stimmig anfühlen.

Hinweis Ich bin mir durchaus darüber im Klaren, dass es auch Menschen gibt, die in ihrer Kindheit verheerende Erlebnisse hatten, die ihr Selbstwertgefühl zerstört haben. Ihnen wurde unter Umständen unbeschreibliches Leid zugefügt und sie sind mitunter sogar sehr schwer traumatisiert. Für diese Menschen wird es nicht ausreichen, einfach ihre Verhaltensmuster zu hinterfragen, um Veränderungen vorzunehmen.

Falls du zu diesem Personenkreis gehörst, so möchte ich dir ans Herz legen, zusätzlich zu den Anleitungen in meinem Buch professionelle Hilfe in Anspruch zu nehmen. Denn diese kann und möchte dieses Buch keinesfalls ersetzen!

Je nachdem, wie uns der Erziehungsstil unserer Eltern geprägt hat und was uns mit auf den Weg gegeben wurde, sind wir später mutig und souverän oder eher verhalten und ängstlich im Umgang mit Problemen und anderen Menschen. Dies gilt ganz besonders für den Umgang mit egoistischen Zeitgenossen. Mit ihnen können wir ohne entsprechendes Selbstwertgefühl große Probleme haben.

Entsprechend unserer Erziehung und Erfahrungen verhalten wir uns meist auch im Erwachsenenalter. Unsere kindliche Konditionierung leitet uns immer wieder auf vertraute Pfade, auch wenn diese manchmal für uns von Nachteil sind. Ich weiß das aus eigener leidvoller Erfahrung. Mir zum Beispiel wurde eingetrichtert, dass ich immer schön folgsam und artig sein sollte und das tun, was man mir sagt. Ich wurde leider nicht darauf konditioniert, ein mutiger Freigeist zu sein. Das hatte ich sogar schon als Kind bemerkt, wenn ich Pippi Langstrumpf im Fernsehen geschaut habe. Ich wäre sehr gern wie sie gewesen: lustig, unbekümmert und frei.

Aber das war ich leider nicht. Auf mich passte eher dieser Spruch, dessen Herkunft mir nicht bekannt ist:

„WAS EIN HÄKCHEN WERDEN WILL, KRÜMMT SICH BEIZEITEN."

Es dürfte klar sein, dass es nie in meiner Absicht lag, ein Häkchen zu werden! Aber wenn ich so darüber nachdenke, dann wurde ich eins. Ich wurde sogar ein wunderbares Häkchen – eines, das immer zu passen versuchte. Denn nur, wenn ich ein gutes Häkchen war, bekam ich genügend von der Liebe und Anerkennung meiner Mutter, nach der ich mich so sehr sehnte – wenn nicht, wurde ich nicht selten mit Ablehnung von ihr bestraft.

Ich habe mich lange vor ihrem Tod mit ihr ausgesprochen und es stellte sich heraus, dass es nie in ihrer Absicht lag, sich so zu verhalten. Sie war, wie bereits erwähnt, als alleinerziehende Mutter manchmal einfach überfordert und erschöpft.

 Falls du selbst noch Probleme mit deinen Eltern mit dir herumträgst, dann versuche, sie darauf anzusprechen, solange du noch die Möglichkeit dazu hast. Das kann dir Klarheit bringen und dir schon dabei helfen, dass du dich besser fühlst.

Wenn wir uns in unserer Kindheit mit einem zu sehr auf Folgsamkeit ausgerichteten Erziehungsstil arrangieren mussten, kann das langfristige negative Auswirkungen auf uns haben. Ich kenne reife und gebildete Menschen, deren Leben selbst noch nach dem Tod der Eltern von ihnen beherrscht wird. Die Konditionierungen haben noch immer den gleichen Einfluss auf Entscheidungen wie zu Lebzeiten der Eltern. Und die Folgen gehen in vielen Fällen sogar noch weiter. Denn das Fatale an diesem, wenn auch bestimmt unbeabsichtigten, Erziehungsstil ist, dass wir als Kinder die Erfahrung machten, dass wir nur Liebe und Anerkennung erhalten, wenn wir entsprechende Leistungen erbringen und die Erwartungen der anderen erfüllen. Es kam uns somit nicht in den Sinn, dass wir um unserer selbst Willen geliebt und geachtet werden könnten und müssten. Daraus resultierte dann am Ende unser geringes Selbstwertgefühl.

Dass wir uns die Liebe unserer Eltern, die eigentlich selbstverständlich sein sollte, erarbeiten müssen, erschien uns logisch. Und wir haben verinnerlicht, dass Liebe, Zuneigung und Anerkennung uns sofort entzogen werden können, wenn wir nicht tun, was von uns erwartet wird. So strengten wir uns fast immer extrem an, um nur ja nie wieder einen Mangel an Liebe, Zuneigung und Anerkennung zu erleiden.

In den meisten Fällen führen wir ein weniger selbstbestimmtes Leben, als wir das gerne möchten. Denn auch als Erwachsene beginnen wir zwangsläufig damit, unser Leben auf die Bedürfnisse jener Menschen auszurichten, von denen wir respektiert und geliebt werden möchten oder in irgendeiner Weise abhängig sind. Ein unguter Nebeneffekt ist, dass wir unter ständiger Anspannung stehen. Dies kann wiederum zu körperlichen Symptomen wie Kopf- und Rückenschmerzen führen. Zudem laufen wir Gefahr, dieses Erziehungsmuster auf unsere eigenen Kinder zu übertragen.

Und als Menschen mit einem geringen Selbstwertgefühl wählen wir sogar nicht selten Partner, die genau dieselbe Taktik anwenden wie zuvor die Eltern – Partner, die ganz genau wissen, welche Knöpfe sie drücken müssen, damit wir wie gewünscht funktionieren, Partner, die sich, bewusst oder unbewusst, unsere ungesunden Verhaltensmuster zu Nutze machen, um ihre eigenen Ziele, Bedürfnisse und Vorstellungen durchzusetzen.

Prüfe bitte einmal, ob du erkennen kannst, dass das auch auf dich selbst zutrifft. Wenn das so ist, kannst du vielleicht bereits erahnen, wohin dich ein ungesundes Verhaltensmuster führen kann. Was wir früher für die Anerkennung unserer Eltern getan haben, machen wir nun für unsere Partner. Das antrainierte „Spiel" geht so immer weiter. Nur die Figuren sind neu. Wenn wir in diesem Spiel auf Menschen treffen, die uns schnell durchschauen, werden sie jeden unserer Spielzüge vorhersehen und uns entsprechend manipulieren. Sie werden dann zu den Machern des Spiels. Sie werden uns unweigerlich in Bahnen lenken, die für sie selbst gut sind. Das zu durchschauen und zu erkennen ist mit einem geringen Selbstwertgefühl gar nicht so einfach.

Wir werden im Laufe unseres Lebens also immer wieder auf Menschen treffen, die uns vor ihren Karren spannen wollen, um an ihr eigenes Ziel zu kommen.

Und was machen wir dagegen? In der Regel gar nichts! Wir lassen uns das gefallen, auch wenn es uns meist schon länger auffällt, dass wir ausgenutzt und manipuliert werden. Meist wissen wir zu diesem Zeitpunkt jedoch noch nichts von Ursache und Wirkung unserer eigenen Verhaltensmuster. Wir halten die ganze vertrackte Situation eher für ein Schicksal, das uns auferlegt wurde. Wir bemerken zwar ganz genau, dass hier etwas sehr Ungutes vor sich geht, aber wir können viele Zusammenhänge noch nicht zuordnen. Falls du dich hier wiedererkennst, sei unbesorgt. Das ändert sich noch (siehe Phase 3).

Doch auch wenn sie das Spiel schließlich durchschauen, gelingt manchen Menschen die Befreiung aus alten Mustern (siehe Phase 2) erst sehr spät, so wie das auch bei mir selbst der Fall war. Einigen Menschen gelingt sie vielleicht auch niemals. Aber das ist eher die Minderheit.

Dass sich manche Menschen nicht ganz oder nur wenig befreien können, kann daraus resultieren, dass ihre Angst vor der „Bedrohung" durch das Unbekannte größer ist als der Wunsch nach Unabhängigkeit. Sich plötzlich frei machen zu wollen kann sehr viel Angst und Anspannung auslösen.

Es erfordert Mut und Kraft, sich zu verändern, und du musst damit rechnen, dass du andere damit vor den Kopf stößt. Und wenn das geschieht, dann kommt Widerstand auf dich zu. Denn dein verwöhntes und irritiertes Umfeld wird es nicht so einfach hinnehmen, dass *du* plötzlich unbequem wirst.

Man wird dir womöglich unterstellen, dass du auf einmal rücksichtslos und egoistisch geworden bist. Und wenn du zufällig eine Frau in den mittleren Jahren bist, wird man dich vielleicht milde belächeln und dich in die Schublade „Die ist gerade in den Wechseljahren, da spinnen alle, das legt sich auch wieder" stecken. Einem Mann hingegen wird eventuell eine Midlifecrisis unterstellt.

Du kannst dich also darauf gefasst machen, dass dein Umfeld nach einer naheliegenden Erklärung für dein derzeitiges „Entgleisen" sucht und stark darauf hofft, dass du baldmöglichst wieder richtig tickst.

 **Unter keinen Umständen darfst du in die Harmoniefalle tappen und den Unterstellungen deiner Mitmenschen Beachtung oder gar Glauben schenken. Dir wird es dann nicht gelingen, dich aus deiner Situation zu befreien und in den Genuss der Selbstbestimmung zu kommen. Denn Harmonie und Widerstand sind Konkurrenten.**

Hier kann es sehr hilfreich sein, wenn du dich in Diplomatie etwas auskennst. Ich wünsche dir sowohl den Mut als auch die Kraft, die wir alle benötigen, wenn es an Veränderungen geht, damit dir der erhoffte und nötige Schritt zu einem stärkeren Selbstwertgefühl gelingt.

Ob auch du ein geringes Selbstwertgefühl hast, weil dir das Unbekannte Angst bereitet, kannst du anhand des in der folgenden Übung dargelegten Beispiels ganz leicht selbst testen.

Übung 2
ANGST VOR DEM UNBEKANNTEN

Stell dir bitte einmal vor, dass du an deinem derzeitigen Arbeits-platz nur noch unglücklich bist und sogar erste Krankheitsan-zeichen bemerkst. Dann solltest du damit beginnen, auf deinen Körper zu hören, denn unser Körper, der aufs Überleben kondi-tioniert ist, ist sehr schlau. Er versucht, uns durch Krankheiten dazu zu bringen, uns zu erholen oder in diesem Fall uns aus der Schusslinie zu bringen. Was unserem Geist vielleicht nicht gelingt, bekommt unser Körper sehr gut hin.

Nun prüfe bitte, ob sich bei der Vorstellung, dass du dich neu orientieren müsstest, sofort folgende Fragen oder Überlegun-gen eröffnen und sich in dir ein ganz ungutes Gefühl entwickelt:

Ich hätte sehr gerne eine andere Arbeitsstelle, aber ...

- *... ich bin zu alt, mich nimmt doch keiner mehr.*
- *... ich habe noch nicht genug Erfahrung gesammelt.*
- *... dann habe ich vielleicht keinen so bequemen Arbeitsweg.*
- *... vielleicht ist mein nächster Chef noch unausstehlicher.*
- *... vielleicht verdiene ich dann weniger.*
- *... vielleicht schaffe ich die Probezeit nicht.*
- ....
- ....
- ....
- ....

Du kannst die Liste bei Bedarf auf einem separaten Papier beliebig ergänzen oder verändern.

Wenn du nun in dich hineinspürst und ein großes Unbehagen wahrnehmen kannst, dann weißt du, wovon ich gesprochen habe.

Du kannst dadurch erkennen, dass du die Angst vor dem Unbekannten nicht unterschätzen solltest. Das hat nichts mit Feigheit zu tun, sondern die Angst dient zunächst deinem eigenen Schutz. Die Angst hat ein ganzes Arsenal an „Waffen" in Form von negativen Fragen zu Hand wie:

„Aber *wenn ...,* **was dann?"**

Und genau so eine Frage hält uns davon ab, in uns aufkeimende Wünsche umzusetzen. Interessant ist auch die Beobachtung, dass der Frage mit „aber" meist eine negative Antwort folgt. Sie führt fast immer zum Negieren der vorab positiven Sichtweise. Das „Aber" impliziert meist schon ein Scheitern.

Ein erster Schritt, der dir dabei hilft, aus dieser Aber-Spirale herauszukommen, ist Umsicht. Achte genau auf deine Wortwahl und streiche das Wort „aber" möglichst aus deinem Wortschatz.

Hast du dich auch schon einmal dabei ertappt, dass du ganz genau wusstest, dass dir ein bestimmtes Verhalten nicht guttut? Warst du trotzdem nicht in der Lage, dich davon zu befreien? Wusstest du durchaus, dass du etwas ändern müsstest, damit es dir besser geht, doch du hattest eine diffuse Angst vor dem, was kommen könnte? Ist dir vielleicht schon einmal aufgefallen, dass du aus Furcht lieber in der vertrauten Situation verharren möchtest und dir denkst „Das halte ich schon aus"? Dann befindest du dich in einer vertrackten Situation und in bester Gesellschaft mit Millionen anderen Menschen. Denn durch diese negativen und ängstlichen Gedankengänge bremst du dich selbst aus.

 **Hast du Angst vor dem Unbekannten, kann es sehr hilfreich für dich sein, wenn du dir die Frage stellst: „Was könnte im schlimmsten Fall wirklich passieren?"**

Auch ich selbst bewegte mich über Jahre hinweg nicht vorwärts. Wenn ich heute mit mehr Lebenserfahrung und dem nötigen Abstand darüber nachdenke, so bin ich entsetzt über mich selbst. Ich bin schockiert darüber, wie wenig mir mein Leben wert war, wie wenig ich mich als Person wichtig genommen hatte. Ich war zwar unglücklich und litt unter einer enormen Anspannung, aber ich wollte auch unter keinen Umständen irgendwo anecken. Ich war zwar sehr verzweifelt, aber niemals mutig genug gewesen, etwas an meinem Leben zu ändern. Es stimmt mich hin und wieder traurig, wie viel kostbare Lebenszeit und Energie ich auf diese destruktive Weise verschwendet habe. Aber ich hadere heute nicht mehr wirklich damit. Auch das ist ein wichtiger Prozess, den du in deine Veränderung miteinbeziehen solltest: Schau nicht zu lange zurück und verlier dich nicht in Vorwürfen über Dinge, die in deiner Vergangenheit liegen. Nutze stattdessen deine Erkenntnisse und deine Energie, um in der Zukunft besser agieren zu können.

Ich möchte jedem, der sich in so einer *scheinbar* ausweglosen Situation befindet, ans Herz legen, sich ganz dringend auf den Weg zu machen, um diese ungesunden Verhaltensmuster zu beenden. Vielleicht fällt dir das leichter, als du je zu hoffen gewagt hast.

Bist du bereit? Dann kannst du schon einmal mit einer Übung beginnen und herausfinden, worin deine Wünsche liegen.

Übung 3
VISUALISIERUNG: EINEN POSITIVEN ANKER SETZEN

Wenn wir einen Anker setzen, verknüpfen wir einen externen Reiz mit einer bestehenden Erfahrung. Ankern können wir mit allen Sinneskanälen (sehen, hören, riechen, schmecken, oder fühlen). Dazu verwenden wir Bilder, Geräusche, Gerüche, Geschmack oder Empfindungen. Wir können den Anker selbst setzen und auslösen (Selbstankern) oder den Anker von anderen setzen und auslösen lassen (Fremdankern).

Suche dir einen ruhigen Ort, an dem du für 15 bis 30 Minuten nicht gestört werden kannst. Und bitte mach dir keine Gedanken, wenn die Übung nicht auf Anhieb gelingt. Wenn du dich schon sehr lange nicht mehr um deine Träume und Wünsche gekümmert hast, kann es durchaus sein, dass du mehrere Anläufe brauchst.

Stell dir nun eine Situation vor, in der du etwas geschafft hast, wovon du vorher dachtest, es nicht zu können ...

Stell dir ganz genau den Ort vor und die Tat, welche du vollbringen konntest. Stell dir die Gesichter der Menschen vor, die du damit beeindruckt hast. Höre ihre Stimmen, die dich wohlwollend mit Lob überschüttet und dir gratuliert haben.

Stell dir die Situation so genau und so bunt wie möglich vor. Übertreibe es ruhig! Es ist deine Visualisierungsübung. Sie soll dir guttun und dir Kraft verleihen.

Nun spüre bitte in dich hinein.

Was kannst du in deinem Bauch wahrnehmen? Glücksströme, vielleicht kleine tanzende Schmetterlinge? Ja?!

Ganz wunderbar!

Bleib in diesem Gefühl und drücke nun an einer Stelle deines Körpers einen bestimmten Punkt, den du beim nächsten Mal sofort wieder finden kannst.

So hast du deinen Anker zu deinen positiven Gefühlen gesetzt. Und immer, wenn du künftig diesen bestimmten Punkt in der gleichen Weise und Stärke drückst, kannst du deine positiven

Gefühle und Bilder, die du durch deinen Anker gesetzt hast, wieder abrufen. Es ist gut möglich, dass dir diese Übung nicht auf Anhieb gelingt. Bleib bitte einfach optimistisch und bleib dran. Je lockerer und entspannter du diese Übung angehst, umso eher wird sie dir gelingen.

Das Schöne daran ist: Du kannst diese Übung zu jeder Zeit und so oft du magst wiederholen. Je mehr du übst, umso schneller und intensiver ist deine Visualisierung abrufbar. So kannst du dich immer selbst stärken, wenn es nötig ist.

Und dann: Auf geht's in die nächste Phase!

Fazit

FAZIT AUS PHASE 1

Du hast erfahren, worin der Ursprung für dein mangelndes Selbstwertgefühl liegt.

Du konntest erkennen, welche Auswirkungen eine ungute Konditionierung in der Kindheit auf dein weiteres Leben haben kann.

Du konntest entdecken, dass du deinen Gefühlen nicht machtlos ausgeliefert bist.

Jetzt bist du schon einen Schritt weiter.

Phase 2

DAS EWIGE OPFER

„LEIDEN IST KEIN VERDIENST; DAS LAMM, DAS SICH FRESSEN LÄSST,
STÄRKT DIE ORDNUNG DER WÖLFE."

Stefan Heym (1913–2001), deutscher Schriftsteller

Phase 2 ist sehr interessant zu beobachten. Ich persönlich habe sie gehasst wie die Pest! Sie war kräftezehrend und frustrierend. Denn im Unterschied zu Phase 1 hatte ich mittlerweile zwar erkannt, was in meinem Leben ganz und gar nicht stimmte, aber ich steckte immer noch in alten Mustern fest. Ich hatte genau gespürt, dass mir vieles nicht guttat, und es ging mir gewaltig gegen den Strich. Aber ich tat es ab und dachte, so ist mein Leben nun einmal. Jeder Mensch hat sein Päckchen zu tragen und das der Hilflosigkeit schien meines zu sein. So tat ich das, was die meisten von uns, wenn sie sich hilflos fühlen, machen. Ich suchte nach Schuldigen in meinem Umfeld. Dieses Mal nicht wie in Phase 1 bei den Eltern, sondern nun auch noch in meinem Bekanntenkreis.

Und was soll ich dir sagen, ich fand sie dort auch, ganz ohne allzu große Anstrengung, denn es kamen im Laufe der Zeit immer wieder neue Leute hinzu. Und einige davon hatten zu diesem Zeitpunkt vermeintlich Schuld daran, dass es mir nicht gut ging. Dass die Unzufriedenheit in meinem Leben auch meine eigene Schuld sein könnte, kam mir damals noch gar nicht in den Sinn. Andere hatten Schuld daran, davon war ich fest überzeugt.

Woher ich diese tiefe Überzeugung nahm, möchtest du wissen? Ich leitete sie davon ab, dass diese Menschen mich nicht so behandelten, liebten und respektierten, wie ich mir das wünschte und erhoffte.

Kommt dir das auch bekannt vor? Dann hast du hier mein Mitgefühl. Aber ich kann dir an dieser Stelle folgende Tatsache leider nicht ersparen:

 **Die anderen sind nicht schuld an unserer Situation! Wir selbst sind die Verursacher – wir, die vermeintlichen Opfer.**

In den Phasen 1 und 2 bist du erfahrungsgemäß so empfindlich, dass du das mit größter Wahrscheinlichkeit nicht hören möchtest. Oder lass es mich anders formulieren: Du kannst es dir einfach nicht vorstellen. Du empfindest Schmerz, Verzweiflung und Hilflosigkeit und die muss ja jemand verursacht haben. Ich kann mich da sehr gut in deine Lage versetzen, denn zum damaligen Zeitpunkt ging es mir ganz genauso! Wenn du nun zu hören bekommst, dass du selbst an deiner Situation schuld sein sollst, dann kommen dir vielleicht ganz spontan folgende Gedanken:

○ Was?! Die spinnt doch wohl komplett, wie kommt sie denn darauf?
○ Das ist doch eine Unverschämtheit, mir so etwas zu unterstellen!
○ Wie kann und soll ich mich denn wehren, wenn alle gegen mich sind?!
○ Nur weil das bei ihr so war, muss das ja nicht auch auf mich zutreffen.
○ Das Buch taugt einfach nichts ...

An dieser Stelle kannst du das Buch entweder zuklappen und in den Müll werfen *oder* du vertraust mir und liest weiter, um dann selbst erleben zu können, wie sich der Knoten bei dir nach und nach zu lösen beginnt und du schließlich immer freier und mit mehr Selbstwertgefühl agieren kannst. Das kann eine große Befreiung und Entlastung für dich werden.

Auch ich hielt mich sehr lange mit der Suche in der Außenwelt auf, um die Ursachen meines Unglücks und meiner Unzufriedenheit zu finden. Ich kam nicht einmal ansatzweise auf den Gedanken, dass ich durch mein eigenes Verhalten all das verursacht hatte, was mir widerfahren war. Ich konnte zu diesem Zeitpunkt noch nicht erkennen, dass ich durch mein eigenes Verhalten Signale sendete, die zum unerwünschten Verhalten, das andere mir gegenüber zeigten, geführt hatten.

Lass mich dies an einem kleinen Beispiel zum Thema Partnerschaft verdeutlichen:

Du kennst das vielleicht auch aus eigener Erfahrung: Falls du eine unbefriedigende Partnerschaft hinter dir hast, denkst und hoffst du, dass alles viel besser und schöner wird, wenn ein neuer Partner oder eine neue Partnerin kommt. Du glaubst, mit ihm oder ihr kannst du viel mehr lachen als mit dem letzten Mann oder der letzten Frau. Du hoffst, dass du nun viel besser verstanden wirst. Du erwartest, dass er oder sie zuverlässiger ist. Du wünschst dir, dass du all die

Geborgenheit erhältst, die du vielleicht vorher so vermisst hast.

Die Vorstellungen von neuen Traumpartnern können beliebig fortgesetzt und ausgeschmückt werden. Unserer eigenen Fantasie sind dabei keinerlei Grenzen gesetzt. Wir können all unsere unerfüllten Wünsche und Bedürfnisse auf diesen einen neuen Menschen projizieren und hoffen, dass er all diese Sehnsüchte erfüllen kann und unsere Probleme sich dadurch wie durch ein Wunder in Luft auflösen. Was für ein Erwartungsdruck damit auf unserem neuen Partner lastet, ist uns gar nicht bewusst. Abgesehen davon, dass wir hier von einem *Traum*partner oder einer *Traum*partnerin schwärmen. Der Mann oder die Frau wird in unserem Traum zu einem perfekten Wunschobjekt. Wie groß ist die Wahrscheinlichkeit, dass wir so einen Menschen jemals finden werden? Kann es ihn überhaupt geben? Kein Partner kann so perfekt sein; genauso wenig, wie wir selbst es vermögen, so perfekt zu sein. Und genau mit dieser illusorischen Einstellung legen wir schon wieder neue Minen für Probleme. Wir setzen alles auf eine Karte – diesen neuen Menschen in unserem Leben – und sind nachher *wieder enttäuscht*, wenn alles nicht so gekommen ist, wie wir uns das gewünscht und zusammenfantasiert haben.

Hand aufs Herz: Wenn du ganz ehrlich bist, hast du schon von Anfang an erkannt, dass deine Vorstellung in der Realität nicht funktionieren kann. Und du selbst würdest sicherlich auch nicht gern von jemand anderem mit so einer übermenschlichen Anforderung konfrontiert werden wollen.

Das Beispiel lässt sich auch perfekt auf berufliche Probleme übertragen:

Wir leben in der Hoffnung, falls wir mit unserem derzeitigen Vorgesetzten im Clinch liegen, dass mit einem neuen Vorgesetzten alles besser werden könnte. Er wird erkennen, was er an uns hat, und uns nicht mit Überstunden belasten. Unsere Arbeit wird von nun an immer anerkannt und gelobt werden. Wir werden dann all die Anerkennung bekommen, die uns nach unserer Ansicht zusteht. Das liegt durchaus im Bereich des Möglichen. Hattest du selbst auch schon solche Hoffnungen gehegt?

Dann sollte dir eines immer bewusst sein: Diese positive Veränderung, so sie denn überhaupt stattfindet, wird mit großer Wahrscheinlichkeit nicht von langer Dauer sein. Denn wir selbst sind immer mit von der Partie. Unser eigenes Verhalten, unsere unguten Verhaltensmuster werden sich früher oder später wieder bemerkbar machen und erfahrungsgemäß erneut die gleichen Prozesse in Gang setzen wie bei unserem vorigen Chef.

Hinweis

Das Thema „sich von alten Verhaltensmustern befreien" greife ich in den verschiedenen Phasen immer wieder auf, da es sich hierbei um fließende Prozesse handelt, die nicht so genau abzugrenzen sind. Sie setzen bei jedem Menschen zu unterschiedlichen Zeiten ein, und so verhält es sich auch mit den Erfolgen und Rückfällen.

Auch wenn es dir nicht leichtfallen mag, solltest du folgende Punkte ernst nehmen, wenn sich dein Leben ändern soll:

o Wenn wir die Schuld für alles, was in unserem Leben nicht rundläuft, nur bei anderen suchen, werden wir uns nicht weiterentwickeln.

o Wenn wir für alles, was bei uns nicht funktioniert, Ausreden finden, werden wir im Gewohnten stecken bleiben.

o Wenn wir es nicht schaffen, ein gutes und stabiles Selbstwertgefühl zu erlangen, werden wir wieder und wieder an altvertrauten Problemen scheitern.

o Wenn wir nicht lernen, uns Konflikten zu stellen, werden wir wieder nicht vorankommen.

o Wenn wir nicht lernen, uns zu behaupten und Ruhe und Kraft in uns selbst zu finden, werden wir immer wieder scheitern und im gleichen Sumpf landen.

o Manche Schlachten müssen von uns geschlagen werden und manchen Herausforderungen müssen wir uns mutig stellen, wenn wir uns befreien wollen.

Und mal ehrlich, sollte es für uns nicht oberste Priorität haben, uns so aufzustellen, dass es uns in unserem eigenen Leben emotional gut geht? Denn nur, wenn wir uns gut fühlen und stark, sind wir in der Lage, unser Leben mit allen Höhen und Tiefen zu meistern und zu genießen. Erst dann können Stolz und Zufriedenheit in unserem Leben Einzug halten.

Durch meine eigene Erfahrung und durch die vielen Gespräche, die ich mit anderen Menschen führen durfte, bin ich zu der Erkenntnis gelangt, dass es durchaus zu schaffen ist, das eigene Selbstwertgefühl zu stärken, wenn man es wirklich möchte. Dies war eine der lohnendsten Aufgaben, die ich je umgesetzt habe. Und wenn ich es konnte, kannst du es auch! Davon bin ich zutiefst überzeugt. Falls dir an dieser Stelle wieder ein „Aber" durch den Kopf geht, streiche es!

Einige Menschen in meinem Umfeld hatten mich seinerzeit schon fast aufgegeben, allen voran ich selbst. Ich fand nicht den richtigen Knopf, den ich hätte drücken können, damit sich in meinem Leben etwas ändern würde. Aber irgendwo ganz tief in mir glomm eine kleine Glut, die irgendwann entfachte und zu einer glühenden Flamme wurde. Ich wurde Feuer und Flamme für mich selbst.

Auch du kannst Feuer und Flamme für dich selbst werden. Mit Narzissmus und Egoismus hat das nicht im Entferntesten etwas zu tun. Die Freude daran, sich selbst zu entdecken, das eigene Leben wichtig zu nehmen und wertzuschätzen, ist eine der gesündesten Eigenschaften, die wir in uns fördern sollten. Nur so bleiben wir gesund und können uns rundum entspannt allen Anforderungen des Lebens stellen. Und davon gibt es schließlich mehr als genug.

Diese Flamme zu entfachen und am Brennen zu halten ist das Beste, was wir für uns selbst und auch für andere tun können. Ja, denn auch unsere Mitmenschen werden davon profitieren. Wenn wir uns selbst lieben und respektieren, können wir Liebe und Respekt an andere weitergeben. Wir können für andere ein Vorbild werden.

Aber zunächst muss das Selbstwertgefühl erst einmal in uns selbst angelegt und stark genug sein. So kennst du aus der Bibel sicherlich auch das Gebot: *„Liebe deinen Nächsten wie dich selbst."*

Dein eigenes Selbstwertgefühl zu stärken ist gar nicht so schwer, wie du vielleicht glaubst. Es mag dir auf den ersten Blick fast unmöglich erscheinen, aber es gibt einige gute und hilfreiche Methoden, wie du das angehen und schaffen kannst. Und ich unterstütze dich dabei. Aus diesem Grund möchte ich dich an dieser Stelle wieder dazu einladen, dich auf eine kleine Übung einzulassen. Nimm dir dafür bitte ein paar Minuten Zeit. Sollte der Zeitpunkt gerade etwas ungünstig für dich sein, so machst du die Übung einfach später.

Übung 4

Praxis **AUSREDEN SIND
UNSERE HINDERNISSE**

*Stell dir bitte bildlich einen Berg vor, einen ganz großen
Berg! Diesen Berg zu erklimmen hast du dir ganz fest
vorgenommen, denn du hast davon gehört, dass er vom
Gipfel aus eine unglaubliche Aussicht bietet. Diese Verlo-
ckung hat dich dazu veranlasst, ihn zu besteigen.*

*Nun stehst du davor und von unten sieht er riesig aus, und
die Vorstellung, ihn zu bezwingen, macht dir eine unglaubliche Angst und versetzt dich in Stress.*

*Auf einmal fallen dir tausend Gründe ein, warum du das
nicht schaffen wirst:*

- *Der Berg ist zu hoch.*
- *Der Berg ist zu steil.*
- *Ich habe Höhenangst.*
- *Oben könnte es zu heiß sein.*
- *Oben könnte es zu kalt sein.*
- *Ich könnte mir den Fuß verstauchen.*
- *Mir könnte die Luft ausgehen, bevor ich oben bin.*
- *Das Ganze ist zu stressig.*
- *Ich habe nicht genügend Proviant dabei.*
- *Ich habe nicht die geeigneten Schuhe dabei.*
- *Ich habe doch gar keine Erfahrung im Bergsteigen.*

Vermutlich wirst du nun unverrichteter Dinge wieder den Heimweg antreten und zu Hause froh darüber sein, dass du dir all diese Unabsehbarkeiten erspart hast. Was dir erfahrungsgemäß aber bleiben wird, ist die kleine Stimme des Bedauerns in deinem Hinterkopf, die dir immer wieder zuflüstern wird: „Ach hätte ich doch einen Weg gefunden, die Aussicht soll so traumhaft schön sein."

Wenn du die Aufgabe, diesen Berg zu erklimmen, nicht als schwere und anstrengende Aufgabe, sondern als deinen dringlichsten Wunsch ansehen kannst, dann findest du auch einen Weg, dein Ziel zu erreichen.

Dazu brauchst du einen Plan, und der beginnt damit, dass du nicht einfach kopflos im Dauerlauf losläufst, um nach kürzester Zeit erschöpft aufzugeben. Sondern du lässt dir Zeit, suchst nach einer guten Strategie und wägst die Wege und Schritte klug und mit Bedacht ab. So kommst du nach und nach, vielleicht mit einer Entspannungspause hier und dort, sinnbildlich auf dem Gipfel deines Berges an. Von hier aus kannst du dann die überwältigende Aussicht genießen und stolz darauf sein, was du geschafft und erreicht hast. Du hast alle Bedenken hinter dir gelassen, dich selbst überwunden und all deine Ängste haben sich in Luft aufgelöst.

Visualisiere, einen Berg zu erklimmen, so gut du kannst. Stell dir alles ganz genau vor. Jedes einzelne Detail zählt: die Landschaft, die Geräusche, die Düfte, die Farben, der Wind, die Sonne oder der Regen.

Spüre bei dieser Übung der positiven Wirkung nach. Übertrage dieses positive Gefühl auf deine ganz persönliche Ebene, auf deinen ganz persönlichen Wunsch nach Stärkung deines Selbstwertgefühls.

Stelle dir dazu bitte einmal folgende Fragen, denn sie können Türöffner zu deinem selbsterfüllten Leben sein:

o *Was genau will ich in meinem Leben verändern?*
o *Was ist mein ganz persönlicher Berg? (Denn der „Berg" steht ja metaphorisch für dein persönliches Ziel.)*
o *Wie kannst du deinen Gipfel erreichen?*
o *Worin besteht deine ganz persönliche Belohnung, wenn du deinen Berg erklommen hast?*

Wenn du magst, kannst du an dieser Stelle noch einmal die Ankerübung (Übung 3) durchführen.

Fassen wir einmal zusammen: In dem Moment, in dem du erkennen kannst, dass du allein für deine Möglichkeiten, dein Handeln und die Konsequenzen verantwortlich bist, kannst du dich auf den Weg zu deinem ganz persönlichen Gipfel machen.

Dies gilt im Übrigen für alle Bereiche deines Lebens, in denen du dir Veränderungen wünschst. In diesem Buch beschäftigen wir uns ganz bewusst mit dem

Ziel, mehr Respekt und Anerkennung zu erlangen und künftig mit einem sehr guten Selbstwertgefühl aufzutreten und in unserem Sinne zu handeln und zu leben. Setze Vertrauen darauf, dass auch du dazu in der Lage sein wirst, dich in Zukunft in allen Lebensbereichen selbstbewusst zu behaupten. Damit meine ich keinesfalls, dass du künftig kompromisslos und stahlhart alles durchsetzen sollst, was du haben möchtest. Du sollst aber dazu in der Lage sein, bei Dingen, die für dich wichtig sind, für dich selbst einzustehen.

Wir alle können das, sobald wir die Entscheidung treffen, dass wir uns nicht mehr wie einen Ping-Pong-Ball hin und her spielen lassen wollen.

Ein Kollege hat mich vor langer Zeit einmal zum Essen eingeladen und wir tauschten uns über die Arbeit aus. Irgendwann platzte er völlig unerwartet mit folgender Feststellung heraus: „Frau Schon-Rupp, Ihnen kann man nicht zusehen. Warum lassen Sie sich immer alles gefallen? Wehren Sie sich doch endlich!"

Aber hallo, was war das denn? Ich war damals total perplex. So eine klare Ansage von jemandem, der auch von meinem ungesunden Verhalten profitierte, hatte ich noch nie bekommen. Tja, was soll ich dazu sagen, wie mir scheint, hatte er mein mangelndes Selbstwertgefühl erkannt und verbal auf den Punkt gebracht. An dieser Stelle noch nachträglich vielen Dank für diesen Weckruf!

Falls du dich hier auch wiedererkennen kannst und darüber erschrocken bist, dann lass dir gesagt sein, dass du dazu keine Veranlassung hast. Du bist durchaus in der Lage, zu lernen, Nein zu sagen, wenn du denkst, dass dies die richtige Antwort auf ein Anliegen ist, das an dich herangetragen wird.

Früher oder später bekommst du das hin! Und danach wird es dir mit jedem Mal leichter fallen, Nein zu sagen.

Beginne damit, bei Dingen Nein zu sagen, die nicht allzu wichtig sind und keine sehr negativen Auswirkungen auf dein Leben haben. Das ist ein gutes Training für große, wichtige Themen.

Vielleicht ist es dir ein kleiner Trost, dass du und ich in diesem Kampf mit dem eigenen Wert nicht allein dastehen. Die Welt ist voll von Menschen wie uns, die ein geringes Selbstwertgefühl haben. Wenn wir gemeinsam einen Club gründen würden, dann hätten wir bestimmt nie einen Mangel an Mitgliedern zu befürchten.

Besonders Frauen haben oft ein geringes Selbstwertgefühl. Obwohl wir mittlerweile so guten Zugang zu Informationen haben und obwohl Frauen heute solidarischer geworden sind, haben gerade junge Mädchen häufig ein sehr unterentwickeltes Selbstwertgefühl. Ich bin in meinen Coaching-Sitzungen immer wieder erstaunt, was mir für fabelhafte Frauen gegenübersitzen, die so eine geringschätzige Meinung von sich selbst haben.

Aber hier kommt die gute Nachricht:

 **Solltest auch du in diesem imaginären „Opfer-Club" Mitglied sein, so dürfte es dich freuen, dass du jederzeit ohne Kündigungsfrist und ohne Begründung wieder austreten kannst. Ganz einfach so, weil du es willst und weil du dich dazu entschieden hast, einem neuen Club beizutreten, dem CLUB DER STARKEN und SELBSTBESTIMMTEN!**

Dessen Motto lautet: Mein eigenes Selbstwertgefühl hat für mich oberste Priorität! Und jedes Mitglied, egal welchen Geschlechts, ist herzlich willkommen.

Du und ich können nur Anerkennung und Respekt erhalten, wenn wir dies von unseren Mitmenschen, die uns beides nicht von sich aus entgegenbringen, auch einfordern. Wenn wir schon nicht dazu bereit sind, für uns selbst einzustehen, was erhoffen wir uns dann von anderen?

Heute weiß ich das. Aber es erforderte sehr viele Gespräche mit andern „Opfern" und schonungslose Selbstreflexion, um zu dieser Erkenntnis zu gelangen.

Zu Beginn meiner Veränderung war es auch für mich nicht einfach, darauf zu kommen, was bei mir nicht stimmte. Ich habe einiges an Zeit dafür aufbringen müssen, aber heute kann ich sagen, dass es alle Mühen wert war!

In Phase 2 siehst du vermutlich einfach noch nicht klar genug und denkst nur, das mit der Veränderung hat jemand geschafft, der mutiger und stärker ist als du selbst, dir gelingt das bestimmt nicht. Ich kann das nachempfinden, denn ich dachte sehr lange genauso.

Ich war so verstrickt in meine Sorgen und Ängste, die mich in nahezu allen Phasen begleitet haben, dass es mir gar nicht in den Sinn kam, dass ich zu vielem, was in meinem Leben nicht rundlief, selbst beigetragen hatte. Ich konnte damals auch noch nicht erkennen, dass es eine Lösung für meine Probleme und Sorgen geben würde. Und ich konnte nicht erkennen, dass alles, was dazu nötig war, in mir selbst steckte. Aber der Knoten löste sich bei mir nach und nach. Und so kann es auch bei dir sein.

 Sorgen und Ängste sind für die meisten Menschen ständige Begleiter ihres Lebens und brechen sich zu den unterschiedlichsten Hinweis Zeitpunkten Bahn. Deshalb lassen sie sich auch keiner bestimmten Phase zuordnen. Dazu sind wir alle zu unterschiedlich veranlagt.

Erinnere dich an Phase 1: Alles braucht seine Zeit. Wir haben uns diese Muster nicht an einem Tag angeeignet. Wir haben sie jahrelang eingeübt, gelebt und perfektioniert:

○ das ständige Jasagen,
○ das ewige Sich-selbst-Zurücknehmen,
○ das immer wiederkehrende „Ja, aber ...",
○ die ständigen Selbstzweifel,
○ die ewige Angst, nicht zu genügen.

Aus genau diesem Grund können wir die Muster auch nicht in kürzester Zeit loswerden. Sieh dir dazu vielleicht die eingangs erwähnten Worte des Dalai Lama „… *Es gibt keine Abkürzungen* " noch einmal an.

Aber bekanntlich höhlt steter Tropfen ja den Stein. Wir müssen nur anfangen und dranbleiben – jeden Tag aufs Neue.

 **Sich selbst aufzugeben ist keine Option!**

Und so begeben wir uns mental gestärkt und voller Vertrauen, Kampfgeist und Zuversicht in die nächste Phase.

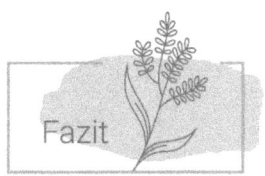

Fazit

FAZIT AUS PHASE 2

Du hast nun gelernt, deinen eigenen Anteil an allem, was in deinem Leben geschieht, zu erkennen.

Du hast erkannt, dass dich Ausreden weder schützen noch weiterbringen.

Und du hast gelernt, dass du dich nur dann von deinen Opfergefühlen befreien kannst, wenn du dir deine eigenen Versäumnisse und Fehler eingestehst.

Jetzt bist du wieder einen Schritt weiter.

Phase 3

KEIN RETTER IN SICHT

„MAN SOLL KEINE DUMMHEIT ZWEIMAL BEGEHEN,
DIE AUSWAHL IST SCHLIESSLICH GROSS GENUG."
Jean-Paul Sartre (1905–1980), französischer Philosoph

Meine Dummheiten, das muss ich leider zugeben, habe ich mehrmals begangen. Ich war das, was man vor Gericht einen Wiederholungstäter nennt. Immer in der Hoffnung, dass sich eines Tages etwas ändern würde, rannte ich manchmal mehr, manchmal weniger schnell in meinem Hamsterrad. Ich war eine regelrechte Träumerin geworden. Ich träumte von besseren Menschen und glücklicheren Tagen. Doch ich wurde immer wieder aufs Neue enttäuscht. Verdammt noch mal, das musste doch auch einmal aufhören. Ich saß da und wartete sprichwörtlich auf den Prinzen, der kommen sollte, um mich zu retten, oder wenigstens einen Ritter in schillernder Rüstung, der mich von allem Kummer befreien würde. Was hinter diesen unrealistischen Träumen und Wünschen steckte, kannst du dir vielleicht denken. Ich wartete auf den Teil im Märchen, wo der Satz fällt: „Und sie lebten glücklich und zufrieden bis an ihr Lebensende." Man sollte kleinen Mädchen vielleicht nicht Grimms Märchen vorlesen. Bei mir kam noch nicht einmal ein Frosch, den ich durch Küssen hätte in einen Prinzen verwandeln können.

Also beschloss ich schließlich, aus meiner Märchenwelt auszusteigen, erwachsen zu werden und nach anderen Lösungen für meine Probleme zu suchen.

Rapunzel würde heute vermutlich ihre Haare abschneiden, am Fenster anbringen und selbst vom Turm hinabsteigen, anstatt Jahre darauf zu verschwenden, auf den Prinzen zu warten, der sie be-

freit. Vielleicht sollten Grimms Märchen einmal über-
arbeitet werden. Nur so eine Idee …

Eines hatte ich in der Zwischenzeit begriffen: Ein
Prinz würde mich nicht retten. Aber es musste doch
trotzdem jemanden geben, der in der Lage war, mir
zu helfen und beizustehen.

 **Dieser Jemand, der mir helfen konnte, sah mir jeden
Tag im Spiegel entgegen. Aber das kam mir zu
diesem Zeitpunkt noch nicht in den Sinn.**

Ich sah meinem Retter tagtäglich sogar mehrmals direkt in die Augen und hatte es nicht bemerkt! Dabei
hätte ich doch erkennen müssen, dass ich selbst mein
Retter sein musste, mein eigener Prinz oder Ritter.
Denn die Nummer mit dem Burgfräulein, das Bei-
stand braucht, hatte ja offensichtlich nicht funktioniert.

Kannst du dich in dieser Situation wiedererkennen?
Dann ist dir sicherlich auch bewusst, dass dies der
Grund ist, warum wir manchmal so lange in Phase 2
stecken bleiben. Wir suchen die Ursachen für alles,
was mit uns geschieht, weiterhin in der Außenwelt
und in anderen Menschen. Und wir warten auf Hilfe,
die aber meistens nicht kommt – oder falls doch, oft
nicht von langer Dauer ist.

Ich weiß nicht, wie du dich zurzeit fühlst oder wie
du dein Leben beschreiben würdest, aber ich hatte
immer das Gefühl, dass ich nicht lebte, sondern gelebt wurde. Mein Leben fühlte sich nie richtig stimmig

an. Viele Personen in meinem Umfeld hatten mir gesagt: „Du darfst dich nicht beklagen, dir geht es doch gut." Verglichen mit Menschen, die nicht einmal wissen, wovon sie morgen ihr Essen kaufen sollen, oder schwer kranken Menschen, Flüchtlingen, Opfern von Gewalt und Armut stimmte das selbstverständlich.

Materiell ging es mir bis heute nie wirklich schlecht. Ich musste bisher nie Hunger leiden, hatte immer ein Dach über dem Kopf, Kleidung und ein warmes Bett, in das ich mich zum Schlafen legen konnte.

Und trotzdem – da war etwas, das mich einfach nicht zur Ruhe kommen ließ. Ich verspürte stets einen großen Mangel ganz tief in mir drin. Heute weiß ich, es war der Mangel an Selbstliebe, Selbstachtung und Selbstbestimmung. Zu dieser Erkenntnis war ich bis zu diesem Zeitpunkt jedoch noch immer nicht gelangt.

Als Kind habe ich, wie unter Phase 1 bereits erwähnt, natürlich gemacht, was von mir erwartet wurde, und zwar so gut ich konnte. Die Zuwendung und Liebe meiner Eltern zu erhalten hatte für mich stets Priorität.

Selbstredend, dass ich mich auch später im Berufsleben genauso verhalten habe. Gute Stimmung und Anerkennung hatten für mich auch hier einen ganz hohen Stellenwert. Dass das für mich nicht immer gut gelaufen ist, dürfte dich wohl kaum überraschen. Ich machte Überstunden, wenn meine Kolleginnen einfach Nein sagten. Das hätte ich mich damals nicht einmal ansatzweise getraut. So war ich nicht konditioniert. Das kleine Kind in mir suchte immer noch in der Außenwelt nach Anerkennung und Lob. Und ich wusste ja, wie ich diese bekommen konnte: durch Schweigen, Fleiß und Anpassung. Auch in meinen Partnerschaften habe ich immer versucht, mich anzupassen. Und wenn ich doch einmal Dinge für mich durchsetzen wollte, dann habe ich mich, das muss ich zugeben, nicht wirklich gut dabei angestellt. Dann wollte ich meist mit dem Kopf durch die Wand, weil ich dachte, nur auf diese Art etwas erreichen zu können.

Wenn du selbst verheiratet bist oder in einer langjährigen Partnerschaft lebst, dann wirst du bereits wissen, dass sich auch hier immer wieder Situationen ereignen, auf die du einfach nicht vorbereitet sein kannst. Auch in einer Ehe oder Partnerschaft treffen wir auf Menschen, die zu wissen glauben, was das Beste für uns ist. Da ist in allererster Linie unser Partner selbst, den wir lieben und nicht enttäuschen möchten. Außerdem hat der Partner vielleicht Geschwister, dazu kommen dann auch noch deren Partner und – nicht zu vergessen – die Schwiegereltern. So versuchen wir, allen gerecht zu werden und uns in diesem neuen Familienverbund zu integrieren.

Lass mich dir hierzu eine kleine Anekdote erzählen:

Eine Kundin, die ich aus einem meiner vergangenen Berufe kannte, erzählte mir von ihren Erfahrungen. Sie war schon einmal verheiratet und hatte einen sehr liebevollen und fürsorglichen Ehemann gehabt. Sie musste nicht arbeiten, denn finanziell standen sie und ihr Mann sehr gut da. Aber irgendetwas hat sie dann doch dazu bewogen, nicht in dieser komfortablen Ehe zu bleiben.

Als ich sie nach ihren Beweggründen fragte, gab sie mir zur Antwort, dass sie gespürt hatte, dass ihr etwas fehlte. Und später war sie auch dahintergekommen, was es war. Sie war in dieser Beziehung geistig verhungert. Immer nur in der Routine der gut versorgten Hausfrau, war ihr ihre Welt zu klein und eng geworden.

Sie wollte einfach mehr Erfahrungen sammeln, an ihre Grenzen gehen und neue Möglichkeiten ausloten. Damals, so sagte sie, sei sie auf der Suche gewesen, ohne genau zu wissen, wonach. Später erkannte sie, dass sie auf der Suche nach sich selbst gewesen war, auf der Suche nach einem selbstbestimmten Leben.

Sie hatte diesen Zustand so formuliert: „Es fühlte sich für mich an, als würde ich ersticken und wusste nicht woran."

 **Kennst auch du dieses Gefühl, das dich – wenn vielleicht bis jetzt auch nur sanft – dazu drängt, aufzubrechen?**

Dann lass mich dir noch eine weitere Anekdote zur Veranschaulichung erzählen:

Eine Freundin von mir hatte eine Cousine im Ausland, die verheiratet war – allerdings mit einem ganz anderen Kaliber von Mann als meine Kundin. Sie wurde in dieser Ehe enorm gefordert, aber nicht im positiven Sinn. Sie hatte eine Kindheit hinter sich, in der sie sich nicht zu einer selbstbewussten Frau entwickeln konnte, und nun wiederholte sich in dieser Beziehung das, was sie schon aus ihren Kindertagen kannte. Wenn sie nicht funktionierte, wie die Familie das wollte, dann wurde sie bestraft – nicht im Sinne von körperlicher Gewalt, aber immer mit der Ansage, sie könne ja gerne ausziehen, wenn ihr hier etwas nicht passen würde. Und das war seelisch für diese Frau das Schlimmste. Die Erkenntnis, dass man sie vielleicht nicht mehr haben wollte, traf sie wie ein Schlag und erschütterte sie bis ins Mark. All ihre Verlustängste, die sie schon von früher kannte, brachen sich Bahn und beherrschten sie. Das kleine Kind in ihr litt Todesängste.

Hätte sie genug Stärke und Vertrauen in sich getragen, wäre sie nicht in diese Situation geraten.

Ich selbst befand mich privat auch schon einmal in einer Situation, die mich ganz schön aus der Bahn geworfen und meine Welt zum Einsturz gebracht hatte. Damals war das eine einzige Katastrophe für mich gewesen. Heute kann ich sagen, dass die damals für mich so schlimmen Ereignisse letztendlich ein großer Glücksfall waren. Aber im Nachhinein sind wir ja immer klüger. Du kennst vielleicht den Spruch: „Ich wäre so gerne noch einmal jünger, aber mit dem Wissen von heute." Das wäre eine echt großartige Sache, wenn wir das umsetzen könnten.

Aber zu diesem Zeitpunkt war das Leben in jeder Hinsicht für mich sehr schwer. Irgendwie schien für nichts eine Lösung in Sicht. Ich steckte emotional und mit meinem geringen Selbstwertgefühl noch immer in einer Sackgasse, auch in beruflicher Hinsicht. Irgendwie zog sich meine ungesunde Anpassung wie ein roter Faden durch mein Leben.

Findest du dich auch regelmäßig in Situationen wieder, in denen du dich selbst fragst: „Wie bin ich eigentlich schon wieder dahinein geraten? Und wo bitte ist der Ausgang?"

Diese Fragen beschränken sich nicht nur auf den privaten Bereich. Sie lassen sich ganz praktisch auch auf das Berufsleben übertragen.

Beruflich habe ich mein Leben im Vergleich zu anderen sehr oft verändert. Ich habe es immer an meine entsprechende Lebenssituation angepasst. Man könnte meinen, dass ich nie gewusst hätte, was ich wollte, aber so kann ich das nicht stehen lassen. Ich war, was mein Berufsleben betraf, einfach immer flexibel geblieben. Das Gute daran war, dass ich mich auf diese Weise immer weiterentwickelt habe. Aber es war trotz des stetigen Wandels und neuen Herausforderungen irgendwie nicht stimmig für mich. Etwas fehlte, aber was es war, konnte ich nicht deutlich erkennen. Ich suchte – aber wonach? Damals wusste ich noch nicht, dass ich nach *meinem Leben* suchte, nach *meiner Berufung*, nach etwas, das mich mit Haut und Haaren mit Leidenschaft erfüllen würde – etwas, wofür *ich gemacht und bestimmt* war, etwas, dass mich zum Leuchten bringen und meinem Leben Sinn geben würde.

Bis ich diese Berufung gefunden hatte und ihr letztendlich auch gefolgt bin, habe ich so einiges erlebt. Es gab Zeiten, in denen ich sowohl beruflich als auch privat Dinge gemacht habe, bei denen ich mir heute die Frage stelle, was um alles in der Welt mich dazu bewogen hat, warum ich nicht schon viel früher bemerkt hatte, wie ungesund ich mich verhielt, und warum ich mich nicht schon längst dagegen zur Wehr gesetzt hatte. Ich war in vielerlei Hinsicht zu blauäugig und gutmütig gewesen.

Hier nur ein Beispiel: Ich musste vor vielen, vielen Jahren die private Wäsche meiner Chefin bügeln, wenn Leerlauf im Geschäft war. Das passte weder zu meinem damaligen Arbeitsgebiet, noch war es Bestandteil meines Arbeitsvertrages.

Nun wirst du vielleicht argumentieren, dass diese Aufgabe ja nicht dramatisch war und man daraus keine Staatsaffäre machen muss. Da stimme ich dir selbstverständlich zu. Aber das ist nicht der Punkt, auf den ich hier hinaus möchte. Der Punkt, um den es mir geht, ist, dass ich mich nicht dagegen gewehrt habe. Ich hatte Leute im Team, die das rundweg abgelehnt hatten und damit problemlos durchgekommen sind. Hier der Originalton einer ehemaligen Kollegin: „Die hat sie wohl nicht alle."

Aber ich konnte das nicht. Es gibt ein sehr schönes Buch von Irene Becker mit dem Titel *Everybody's Darling, everybody's Depp*, das traf ganz genau auf mich zu.

In eben dieser Situation zeigte sich wieder mein altes ungesundes, aber mir vertrautes Muster: Ich nahm mich damals selbst nicht wichtig genug, um Nein zu sagen. Und ich erhielt keinen Dank dafür. Als es um eine Beförderung ging, hat mich die taffe Kollegin einfach überholt. Und das brachte mich im Nachhinein zu folgender Erkenntnis: Die Karriereleiter fällt man auf diese Weise ganz bestimmt nicht nach oben. Denn, so viel weiß ich heute, wer sich nicht zur Wehr setzen kann, ist auch nicht für höhere Aufgaben geeignet oder vorgesehen. Ganz im Gegenteil! Das ewige Ja-Sagen wird für unsere Vorgesetzten zur Selbstverständlichkeit und es kommt ihnen bestimmt nicht ungelegen. Und da man für die Vorgesetzten so schön bequem und einfach einzusetzen ist, wird man auch sehr gerne auf seiner Position belassen.

Heute weiß ich, ich hätte Nein sagen können, weil das mein gutes Recht war. Ich hätte Nein sagen müssen, um mir Respekt zu verschaffen. Doch damals war ich von diesem Wissen noch meilenweit entfernt.

Zu diesem Zeitpunkt konnte ich noch nicht erkennen, dass ich nicht nur im Berufsleben, sondern auch im Freundeskreis und in der Verwandtschaft dieses für mich ungesunde Verhalten an den Tag legte, womit ich den Energievampiren Tür und Tor öffnete.

Energievampire kennst du sicherlich auch. So bezeichne ich Menschen, die alle Energie und Kraft aus dir herausziehen und dann, wenn du selbst einmal Hilfe und Unterstützung brauchst, plötzlich nicht mehr da sind. Sie sind sinnbildlich zurück in ihren Sarg verschwunden und scheuen auf einmal das Tageslicht und deine Gesellschaft. Plötzlich haben sie tausend Sachen zu erledigen und keine Zeit mehr für dich.

Eine Freundin hat mir einmal erzählt, sie hätte da ein ganz besonders egoistisches und rücksichtsloses Exemplar dieser Spezies in der Familie. Diese Person vertrat die herrschaftliche Meinung, nur sie allein sei wichtig und nur ihr Wille geschehe. Das klang für mich ein wenig danach, als würde sie sich für Gott halten. Sie war selbstverständlich nicht Gott. Sie war nur von sich selbst und ihren eigenen Ansichten extrem überzeugt. Es ist ja generell nichts Schlechtes daran, wenn man eigene Überzeugungen und Ansichten vertritt, nur sollte man diese nicht militant auf andere übertragen wollen. Denn auch der andere hat ein Recht auf seine eigene Sicht der Dinge. Dieser Person gelang das aber in keiner Weise, und so hatte meine Freundin ihren eigenen Familientyrannen.

Ich habe selbst etwas Ähnliches erlebt und muss zugeben, dass ich dieser Person nie etwas entgegensetzen konnte. Damals hat mich das sehr belastet. Heute passiert mir so etwas zum Glück immer seltener. Mittlerweile bin ich gut darin, relativ schnell zu erkennen, wer mich zu manipulieren versucht, und ich kann erfolgreich dagegenhalten. Erstaunlicherweise habe ich seitdem weniger Menschen in meinem Umfeld, die egoistisch und rücksichtslos sind. Ob hier Ursache und Wirkung wohl eine Rolle spielen?

Manchmal habe ich mich noch darüber geärgert, dass ich damals nicht souveräner reagieren konnte. Das war mir auch schon in Phase 1 passiert.

Aber dann kam ich wieder zu der Einsicht, dass es mir überhaupt nichts bringt, mich über meine Schwächen in der Vergangenheit zu ärgern. Denn alles, was hinter uns liegt, können wir nicht mehr ändern. Leider gibt es für unser Leben keine Löschtaste und keinen Neustartknopf. Wir können aber dazulernen. Wir können an alten Fehlern wachsen, uns weiterentwickeln und ganz genau darauf achten, unsere „Dummheiten" nicht zu wiederholen.

Was ich dir auf alle Fälle an dieser Stelle ans Herz legen möchte:

Distanziere dich von Menschen, die dir nicht guttun!

Die folgende Übung stellt eher eine von mir erprobte und durchaus erfolgreiche Verhaltensanleitung für dich dar. Wenn du magst, greife sie gerne auf und beherzige sie.

Übung 5

DER UMGANG MIT WÜNSCHEN VON ANDEREN PERSONEN

Wenn jemand mit einem Wunsch oder einer Bitte an dich herantritt, stell dir jedes Mal, bevor du antwortest, bitte immer erst folgende Fragen:

- *Ist das **mein** Problem?*
- *Und was habe **ich** davon, wenn ich der Anfrage zustimme?*
- *Brauche **ich** noch Bedenkzeit, bevor ich antworte?*

Am besten ist es, wenn du diese Sätze auswendig lernst! Sie sollten dir so in Fleisch und Blut übergehen, dass die Fragen, solltest du nachts geweckt und mit einer Bitte konfrontiert werden, sofort präsent sind!

Zugegeben, auf den ersten Blick mag das sehr nach Egoismus und Berechnung klingen. **Aber Achtung!** Nicht selten ist die an uns herangetragene Bitte von Egoismus oder Bequemlichkeit *vonseiten des Bittstellers* geprägt. Ich möchte dich nicht dazu auffordern, künftig zu allem und jedem Nein zu sagen. Aber ich möchte dich dafür sensibilisieren, dass du künftig sorgfältig abwägst, ob du gerne Ja sagen möchtest oder dich nur zu einer Zusage genötigt fühlst. Dafür können dir die in Übung 5 aufgeführten Fragen sehr von Nutzen sein, um dir in deinem eignen Interesse Klarheit zu schaffen. Die Fragen können dir den nötigen Abstand und Zeit verschaffen. Beides brauchst du, um erst einmal kurz innezuhalten und zu prüfen, welche Antwort für *dich* die Richtige ist.

Ich kann das in der Zwischenzeit ganz gut. Und darauf bin ich auch ein bisschen stolz. Allerdings bediene ich mich immer wieder ganz bewusst dieser Methode. Das hat für mich den Vorteil, dass ich mich nicht nach einem übereilten Ja wieder mühsam aus der Zusage herausreden muss, wenn ich zu einem späteren Zeitpunkt feststelle, dass ich das eigentlich gar nicht will oder kann − oder, was durchaus auch schon vorkam, tatsächlich gar keine Zeit dafür habe.

So gut gewappnet begeben wir uns in die nächste Phase!

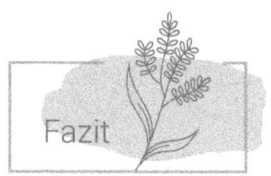

Fazit

FAZIT AUS PHASE 3

Du hast gelernt, deine eigenen
Bedürfnisse zu ergründen.

Du hast erfahren, wie du mit Menschen
umgehen kannst, die dir nicht guttun.

Du weißt nun, dass du die Erwartungen
der anderen nicht erfüllen musst, du
kannst auch Nein sagen.

Denn du hast gelernt, dass dir ein bisschen
gesunder Egoismus nicht schadet!

Jetzt bist du wieder einen großen Schritt weiter.

Phase 4

SO KANN UND DARF ES NICHT BLEIBEN!

„NICHT WIE DER WIND WEHT, SONDERN WIE MAN DIE SEGEL
SETZT, DARAUF KOMMT ES AN!"
Aristoteles (384–322 v. Chr.), griechischer Universalgelehrter

Dieses immer noch aktuelle Zitat von Aristoteles erweckte in mir eine große Motivation. Eines war klar: Auch ich musste meine Segel günstiger setzen, wenn ich mein Leben verändern wollte. Ich entschloss mich, zunächst meine Situation mit allen mir zur Verfügung stehenden Mitteln zu durchleuchten. Dazu verwendete ich eine Fragetechnik, die auch im Coaching immer zu guten Resultaten führt.

Ich habe dir hier etwas Raum eingerichtet, damit du deine eigenen eventuell spontan aufkommenden Antworten vermerken kannst:

○ Was stört *mich* an meinem Verhalten und was kann ich aktiv daran ändern?

....
....
....
....
....

○ Was kann oder soll *ich* tun, damit ich mich besser fühle?

....
....
....
....
....

○ Wer aus meinem Umfeld wird *mich* bei meinem Vorhaben unterstützen und stärken?

....
....
....
....
....
....
....

○ Wer bremst *mich* aus, fällt *mir* in den Rücken und sollte daher, wenn möglich, *keine* Rolle mehr in *meinem* Leben spielen?

....
....
....
....
....
....
....

Tipp Behalte langfristig nur Menschen in deinem inneren Zirkel, die dir wohlgesonnen sind, die dir guttun, die dich in allem unterstützen und an dich glauben. Zu allen anderen stellst du, wenn möglich, den Kontakt ein oder reduzierst ihn zumindest so weit wie möglich. Das kannst du in einem persönlichen offenen Gespräch oder, falls dir das zu schwerfällt, in einem Brief begründen. Sollte dir dazu derzeit noch der Mut fehlen, so kannst du dich der Möglichkeit bedienen, den Kontakt einfach einschlafen zu lassen. Menschen, die du aus beruflichen oder familiären Gründen nicht aus deinem Leben streichen kannst, räumst du am besten so wenig Platz wie möglich darin ein. Damit grenzt du den Handlungsspielraum dieser Personen ein, unerwünscht in dein Leben einzugreifen. Das wird dein Leben einfacher und entspannter machen. Wie du das genau umsetzen kannst, erfährst du in Phase 5 in Übung 10.

○ Was ist *mir* wichtig? Beruflich, privat, ethisch?

....

....

....

....

....

....

○ Was sind *meine* Werte, *meine* Wünsche, *meine* Ziele?

....

....

....

....

....

....

○ *Wer bin ich,* und *wer möchte ich werden?*

....
....
....
....
....
....

○ Wo kann *ich* anfangen?

....
....
....
....
....
....

○ Wie kann *ich* vorgehen?

....
....
....
....
....
....

Lege dir am besten ein Arbeitsbuch an und schreibe alles auf, was dir wichtig und richtig erscheint. Es geht beim Schreiben darum, erst einmal so viele Informationen wie möglich über dich selbst und dein Ziel zu sammeln. So kannst du einen sehr guten Einblick in deine Gefühlswelt erhalten.

 Nach jahrelangem Schreiben in dieser Form habe ich festgestellt, dass es am besten ist, mit einem kleinen Ringbuchordner mit losen Blättern zu arbeiten, da man hier Notizen entnehmen und neu anordnen kann. Denn irgendwann wird es hilfreicher und übersichtlicher, wenn man die Notizen nach Themen einordnet. Dies ist auch für dich empfehlenswert, denn so kannst du deine Notizen jederzeit ergänzen oder etwas entfernen, und es sieht immer noch ordentlich aus. In einem Notizbuch, in dem du immer wieder etwas ausstreichst oder dazunotierst, verlierst du sonst den Überblick. Du kannst dir auch ein Inhaltsverzeichnis mit mehreren Rubriken anlegen.

Die Macht und Hilfestellung der geschriebenen Worte sind nicht zu unterschätzen. Alles, was wir uns notieren, können wir jederzeit zur Orientierung und Verbesserung nutzen. Wir können auch unsere kleinen und großen Erfolge besser erkennen. Und wir erkennen beim Lesen zu einem späteren Zeitpunkt, dass wir eventuell wieder in Muster verfallen, denen wir entkommen wollten. Rückfälle sind menschlich und normal. Sie sind auch nicht dramatisch, wenn wir immer wieder erkennen, dass wir gerade erneut auf dem falschen Pfad wandern, und dann bewusst die Richtung ändern. Das nennen wir dann Achtsamkeit. Je öfter es uns gelingt, unsere alten Muster zu erkennen und aufzulösen, umso schneller können wir in Zukunft gegensteuern. Je regelmäßiger wir gegensteuern, umso weniger werden wir in alte Gewohnheiten zurückfallen. Neue und bessere Verhaltensmuster vertiefen sich und die alten verblassen nach und nach.

Ab jenem Zeitpunkt, ab dem du beginnst, deinen neuen Weg zu beschreiten, setzt ganz automatisch eine Veränderung von deiner negativen Abwärtsspirale in deine positive Aufwärtsspirale ein. Und mit jedem weiteren Mal, bei dem es dir gelingt, nur noch den neuen Weg zu gehen, werden dein Stolz und dein Vertrauen in dich selbst wachsen.

Damit du dir zur Unterstützung diesen Vorgang noch bildlich einprägen kannst, habe ich wieder eine Übung für dich vorbereitet.

Praxis

Übung 6

VISUALISIERUNG: NEUE WEGE DURCH NEUE SCHRITTE

Suche dir einen Platz, an den du dich ungestört zurückziehen kannst, und mach es dir bequem.

Schließe nun bitte deine Augen und stell dir eine schöne grüne Wiese vor. Durch diese Wiese führt ein schmaler, aber sehr gut sichtbarer Pfad. Er ist deshalb so gut sichtbar, weil er regelmäßig aufgesucht und benutzt wird. Dieser Pfad symbolisiert deine bisherigen Verhaltensmuster. Da du diese ja verändern möchtest, brauchst du nun einen neuen Pfad, der auf dieser Wiese noch nicht angelegt ist. Nun beginnst du damit, an einer anderen Stelle einen neuen Weg durch diese Wiese zu gehen. Zu Beginn, wenn du diesen Weg erst wenige Male beschritten hast, werden sich die geknickten Grashalme noch erholen und wieder aufrichten. Der neue Weg ist somit noch nicht dauerhaft sichtbar. Erst wenn du damit beginnst, nur noch diesen neuen Weg zu gehen, werden die Grashalme nach und nach absterben, und der neue Weg bleibt sichtbar. Auf dem alten, nicht mehr benutzten Pfad wird nach und nach wieder Gras nachwachsen, bis er ganz allmählich verschwunden ist.

Diese Übung veranschaulicht sehr schön, wie sich unsere Verhaltensmuster durch Achtsamkeit und Training verändern lassen. Diesen positiven Aspekt der Selbstregulierung kannst du dir sehr gut zu Nutze machen. Alles, was du dazu brauchst, steckt in dir und mit etwas Geduld und liebevoller Nachsicht mit dir selbst kannst du es nach und nach zutage fördern.

Während du so einen Veränderungsprozesses durchläufst, können dir sowohl dein Partner oder deine Partnerin als auch gute Freunde, die dein Vertrauen haben, eine wertvolle Hilfe und Stütze sein. Indem du sie einbindest und darum bittest, dich immer wieder auf kleine Rückfälle in deine alten Verhaltensmuster aufmerksam zu machen, erhältst du noch eine zusätzliche Hilfestellung. Bitte sie darum, dir offen zu sagen: „Schau mal, jetzt machst du wieder genau das, was du immer getan hast und nicht mehr tun wolltest."

Gewohnheiten oder Denkmuster, die wir uns Jahrzehnte lang antrainiert und verinnerlicht haben, gewöhnen wir uns nicht von einem Tag auf den anderen ab. Deshalb kann ein neutrales, aber ehrliches Feedback wichtig und hilfreich sein. Allerdings erfordert das von uns selbst, dass wir die Rückmeldung nicht als Kritik verstehen und nicht beleidigt oder gar barsch darauf reagieren. Veränderungen lange konditionierter Verhaltensmuster müssen und können wir nicht alle auf einmal vornehmen.

Ich vergleiche das gerne mit dem Vorsatz, dass wir unbedingt abnehmen wollen. Da kommt es auch darauf an, wie viel Gewicht wir verlieren wollen und in welchem Zeitraum wir dies erreichen möchten. Dazu brauchen wir eine realistische Sicht auf den tatsächlichen Zustand und einen Lösungsweg. Die Kilos, die wir uns über einen längeren Zeitraum angefuttert haben, bekommen wir auch nicht ohne Anstrengungen und in kürzester Zeit wieder weg. Dazu müssen wir schon dazu bereit sein, unser Essverhalten und unsere Bewegungsgewohnheiten zu ändern. Und wir brauchen Geduld, damit sich unser Körper wieder anpassen kann.

So verhält es sich auch mit unseren alten Gewohnheiten. Wir müssen die neuen Verhaltensmuster in unseren Alltag integrieren, um sie nach und nach zu festen Bestandteilen unseres neuen Lebens werden zu lassen. Damit dir das ohne größere Mühen gelingt, schlage ich vor, dass du dir immer eine Veränderung, die du dir wünschst, nach der anderen vornimmst. Dann trainierst du das neue Verhalten so lange, bis es dir in Fleisch und Blut übergegangen ist und du gar nicht mehr darüber nachdenken musst, bevor es zur Anwendung kommt.

Auf diese Weise kann es dir gelingen, dich nach und nach neu zu konditionieren. Im Anschluss kannst du, sofern hier noch weiterer Handlungsbedarf bestehen sollte, die nächste „Baustelle" in deinem Leben in Angriff nehmen. Diese Vorgehensweise ermöglicht es dir, die Rückfallquote in deine alten Verhaltensmuster zu reduzieren. Im übertragenen Sinn kann es dir den aus Diäten bekannten Jo-Jo-Effekt ersparen.

Selbstverständlich kannst du auf deinem Weg zur Veränderung auch einen Therapeuten oder eine Therapeutin zurate ziehen. Du musst dir aber darüber im Klaren sein, dass Therapeuten nicht dazu da sind, dir die Arbeit, die eine Veränderung immer mit sich bringt, abzunehmen. Sie werden dein Leben nicht für dich ändern können, sie sind auch nicht deine Retter, aber sie können dir sachkundige und gute Hinweise geben und dich darin bestärken und unterstützen, künftig für dich stimmige Entscheidungen zu treffen. Ich persönlich stehe dieser Unterstützung sehr offen gegenüber.

Bei Zahnschmerzen suchen wir einen Spezialisten auf, der uns von unseren Qualen erlöst. Warum sollten wir also nicht auch einen Profi um Hilfe bitten, wenn uns unsere Seele schmerzt und quält? Therapeuten können dir hilfreiches Feedback geben und dich mit konstruktiver Kritik anleiten, neue und bessere Wege für dich zu finden. Ein wichtiges Kriterium ist hierbei, dass du dich mit dieser Person wohlfühlst und ihr vertraust.

Im Gegensatz zu unseren Freunden oder der Familie sind Therapeuten neutral und nicht emotional verwickelt. Mit unseren privaten Vertrauten können wir uns zwar gut austauschen, dabei kann es aber passieren, dass wir uns jahrelang gemeinsam mit immer denselben Gesprächen im Kreis drehen. Das ist dir vielleicht schon aufgefallen, wenn es sich hierbei nicht um deine eigenen Probleme handelte, sondern du die Person bist, die als Unterstützung zurate gezogen wurde.

Deshalb ist die Hilfe einer ganz neutralen Person nicht zu verachten. Sie kann dir ganz neue Blickwinkel auf deine persönliche Situation ermöglichen. Das kann den Prozess deiner Weiterentwicklung beschleunigen. Wenn du dann noch, so wie du es bereits mit diesem Buch machst, selbständig an deinen Veränderungen arbeitest, wirst du sehr bald die ersten positiven Resultate erkennen können.

Aber egal ob mit oder ohne Unterstützung: Veränderung und Entwicklung gehen meist mit Schmerzen einher. Zu diesem Prozess gehört nach meinen Erfahrungen auch, dass womöglich alte Wunden wieder aufgerissen werden, wenn wir auf unsere Fehler zurückblicken. Das ist ein ganz normaler Ablauf, vor dem du dich nicht fürchten musst, auf den du aber vorbereitet sein solltest. Die gute Nachricht ist, dass die Wunden auch wieder verheilen – durch den Veränderungs- und Verarbeitungsprozess vielleicht noch besser als je zuvor. Manchmal heilen sie sogar, ohne Narben zu hinterlassen.

Wenn mich meine eigene Lebenserfahrung und die meiner Gesprächspartnerinnen eines gelehrt hat, dann dieses:

Wenn ich selbst nicht bereit bin, an mir und meinem Verhalten zu arbeiten, egal wie anstrengend und schmerzhaft es manchmal auch sein mag, dann wird sich auch nichts verändern. Es kann dann keine Umkehrung ins Positive stattfinden. Und somit bleibt dann einfach alles, wie es ist. Auch das geht meist nicht ohne Schmerzen vonstatten.

Aber wenn du damit beginnst, dein Leben positiver zu gestalten, wird es sich auch auf deine Lebensqualität positiv auswirken wird. Ein gutes Selbstwertgefühl wirkt sich immer sehr entspannend auf uns und unser Leben aus.

Nun, da du beschlossen hast, dein eigenes Selbstwertgefühl zu stärken, kann es dir passieren, dass dir hier und da urplötzlich ein Licht aufgeht. Das kann einen wahnsinnigen Tatendrang und Energieschub in dir auslösen.

Ich möchte dich aber eindringlich davor warnen, nun in überstürzten Aktionismus zu verfallen.

 **Auch wenn du plötzlich aus dem Nebel, der dich lange umgeben hat, heraustrittst und im hellen Tageslicht erkennen kannst, was bisher nicht gut für dich lief – halte bitte erst einmal inne, bevor du handelst.**

Höre gern auf deine innere Stimme und dein Bauchgefühl, die dir zurufen, dass du etwas ändern musst. Aber behalte dennoch einen klaren Verstand und einen ruhigen Kopf. Vergegenwärtige dir bitte stets, dass jedes Handeln auch immer Konsequenzen nach sich zieht. Handle bitte deshalb erst dann, wenn du dir sicher bist, dass du die Konsequenzen auch tragen kannst und möchtest.

Diese Aussage steht nicht im Widerspruch dazu, dass wir uns aufmachen sollen, um ungeliebte Dinge in unserem Leben zu verändern. Sie soll dich nur davor bewahren, zu schnell und/oder zu emotional zu handeln. Am besten machst du dir erst einmal wieder Notizen zu allem, was dir gerade durch den Kopf geistert und was du möglichst zeitnah ändern willst. Dann hast du schon einen sehr großen Schritt in die richtige Richtung gemacht. Damit hast du dich selbst schon aus der passiven Wartesituation in die aktive Handlung begeben. Deine Notizen kannst du dann als Kompass und Wegweiser für deine weiteren Schritte benutzen.

Mit so einem fabelhaften Rüstzeug an der Hand kannst du dann damit beginnen, deinen Selbstwert zu stärken.

Folgende „Zutaten" brauchst du, um dich zu diesem großartigen und spannenden Abenteuer, der Stärkung deines Selbstwertes, aufzumachen:

○ den richtigen **Zeitpunkt**. Der richtige Zeitpunkt ist das Wichtigste. Lass dich nicht zur Eile drängen, wenn dir dein Bauchgefühl etwas anderes sagt. Du selbst bestimmst den Zeitpunkt, wann du zur Stärkung deines Selbstwertes aufbrechen möchtest. Und du bestimmst, in welchem Tempo das geschehen soll!

○ ein kleines bisschen **Mut**. Ohne Mut wirst du nicht in der Lage sein zu beginnen.

○ eine Prise **Eigenliebe**. Sie steckt in jedem von uns, du musst sie dir nur gestatten.

○ ein paar **freundliche Menschen**, vielleicht die Guten aus deiner Liste.

○ ein paar **Anregungen**, die dir auf die Sprünge helfen. Dafür hast du unter anderem dieses Buch.

Mit diesen wunderbaren Zutaten, die dann in Phase 5 (ab Übung 9) verwendet werden, kannst du dir das Selbstwertgefühl erarbeiten, das du dir vielleicht schon sehr lange gewünscht hast. Hier und da ein aufmunterndes Zitat eines weisen Menschen kann auch nicht schaden.

Das nachfolgende Zitat hat mir auf meinem neuen Weg sehr viel Mut gemacht und mich gestärkt, deshalb möchte ich es dir nicht vorenthalten:

„ALLES, WAS MAN IM LEBEN BRAUCHT,
SIND IGNORANZ UND SELBSTVERTRAUEN."
Mark Twain (1835–1910), US-amerikanischer Schriftsteller

Ich selbst habe mir immer viel zu viele, meist negative Gedanken darüber gemacht, was andere Menschen (der Chef, die Eltern, die Oma, die Freunde …) wohl von mir denken könnten, wenn ich dieses oder jenes tun oder lassen würde. Das ist dir, wenn du kein allzu großes Selbstwertgefühl hast, sicherlich auch schon passiert.

Ich habe mir zusätzlich auch Gedanken darüber gemacht, ob ich gut oder klug genug für dieses oder jenes sei. Denn wie jeder Mensch habe auch ich auf manchen Gebieten Defizite. Wenn es dir auch so geht, habe ich eine Mitteilung für dich, die dir hoffentlich dabei hilft, das Ganze etwas entspannter zu sehen: Es ist mir gelungen, mich mit meinen Defiziten auszusöhnen, sie sind mir mittlerweile nicht mehr so wichtig. Und was noch viel hilfreicher für mich war: Ich habe gelernt, mich mehr auf meine Stärken denn auf meine Schwächen zu fokussieren. Ich arbeite mich nicht mehr an Dingen und Themen ab, die mich entweder nicht interessieren oder die mir intellektuell einfach nicht liegen. Somit habe ich meine eigenen Strategien entwickelt, mit meinen vermeintlichen Defiziten umzugehen. Ich sage ausdrücklich „vermeintlich", denn wie wir ein Defizit bewerten, liegt ja wie so oft im Auge des Betrachters. Das möchte ich dir an einem Beispiel veranschaulichen:

Nehmen wir einmal an, wir kennen zwei Personen. Die eine Person kann die einfachsten mathematischen Dinge nicht begreifen oder umsetzen, schreibt dafür aber die schönsten Romane, die du je gelesen hast. Die andere Person kann keinen anständigen Satz in einem Brief formulieren, kann dir aber ohne Probleme die schwierigsten mathematischen Formeln herleiten. Nun sollst du bewerten, welche dieser beiden Personen die intelligentere und vielleicht sogar wertvollere ist. Da würdest du vermutlich äußern, denn ich gehe davon aus, dass du auch ein netter Mensch bist, dass du dich auf keinen Fall einfach so festlegen kannst. Stimmt's? Und ich vermute, du würdest genau wie ich dafür plädieren, sich nicht auf die Schwächen, sondern wohlwollend auf die Stärken der jeweiligen Person zu konzentrieren.

Jetzt meine Frage an dich: Wenn es dir und mir gelingt, wohlwollend die Stärken an einer anderen Person hervorzuheben, warum sollten wir das dann nicht auch bei uns selbst tun? Leider müssen viele Menschen in diesem Zusammenhang sofort an den bekannten Ausspruch „Eigenlob stinkt" denken. Aber warum sollten wir nicht stolz auf das sein dürfen, was wir können? Warum sollten wir uns nicht hin und wieder selbst loben, wenn es sonst keiner macht? Ich lobe mich mittlerweile des Öfteren, wenn mir etwas gut gelungen ist. Dann stelle ich mich vor den Spiegel und sage: „Diana, das hast du wirklich gut gemacht." Und ich schenke mir ein Lächeln. Hast du das schon einmal selbst probiert? Wenn nicht, solltest du das unbedingt tun.

Es ist somit für unser Leben entscheidend, dass wir uns für unsere Stärken positiv bewerten, hingegen ist es nicht wirklich von Bedeutung, was jemand anderes von uns hält. Also warum sollten wir kostbare Lebenszeit und Energie darauf verschwenden? Wenn mir heute jemand ungebeten seine Meinung zu meiner Person oder Arbeit aufdrückt, so höre ich mir das ganz gelassen an. Jeder Mensch hat schließlich das Recht auf seine eigenen Ansichten. Aber ich bin mir inzwischen bewusst, dass es wiederum mir zusteht, ob ich mich mit diesem Urteil beschäftigen möchte oder nicht.

In einem Seminar hatten wir einmal einen Psychologen unter den Teilnehmern, der uns gesagt hat: „Nur weil dir jemand einen Koffer vor die Füße stellt, musst du ihn noch lange nicht aufheben und tragen." Dieses Beispiel fand ich so anschaulich, dass ich es für mich übernommen habe. Und von diesem Konzept weiche ich heute nur noch dann ab, wenn ich den Eindruck habe, dass mich mein Gegenüber durch konstruktive und hilfreiche Argumente davon überzeugen kann. Dann lohnt es sich für mich abzuwägen und ich bin dazu bereit, meine eigenen Ansichten noch einmal zu überdenken.

Ich habe im Laufe der Jahre herausgefunden, dass es überhaupt keine Rolle spielt, wie wir uns positionieren, denn es wird uns nur sehr selten gelingen, vor anderen Menschen immer gut dazustehen.

Fakt ist:
Wir können und müssen es nicht allen Menschen recht machen!

Das einzig Wichtige ist, dass wir uns selbst so benehmen, dass wir authentisch sind und dass wir ethisch handeln und anderen Menschen keinen Schaden zufügen. Wir sollten uns zu jeder Zeit im Spiegel stolz und zufrieden in die Augen schauen können.

Wir vermögen allein aufgrund unseres Willens sehr vieles zu erreichen und schaffen, wenn es *uns* wichtig genug ist. Und wir können von unserem Umfeld Respekt und Wertschätzung erhalten, wenn wir für *uns* einstehen!

Wir sind dann dazu in der Lage, ein selbstbestimmtes Leben zu führen, wenn der erwachsene Anteil in uns erwacht und es ihm gelingt, dem kleinen verängstigten Kind in uns klarzumachen, dass es nun kein kleines Kind mehr ist. Wenn wir selbst erst einmal erkannt haben, dass wir erwachsen und stark genug sind, unser Leben selbst in die Hand zu nehmen, dann stehen uns die meisten Türen offen. Ich sage an dieser Stelle bewusst „die meisten Türen", denn ich möchte trotz aller Begeisterung für die vielen Möglichkeiten, die sich plötzlich auftun, nicht die Realität aus den Augen verlieren. Natürlich wird es nicht jedem, der es sich wünscht, Astronaut zu werden, gelingen, auch wenn er eine noch so positive Einstellung hat. Aber darum geht es auch gar nicht. Wofür ich dich sensibilisieren möchte, ist, deine eigenen Möglichkeiten zu erkennen, die dir vielleicht bis jetzt verborgen waren oder die du dich bisher nicht getraut hast, umzusetzen. Ich kann selbst ein Lied davon singen. Ich hatte schon lange davon geträumt, ein Buch zu schreiben, aber immer gedacht, dafür bräuchte man auf alle Fälle eine journalistische Ausbildung oder etwas in dieser Richtung. Also hatte ich diesen Traum wieder begraben, ohne es überhaupt versucht zu haben, denn so eine Ausbildung konnte ich nicht vorweisen. Ich hatte lediglich im Hinterkopf, dass ich in meiner Schulzeit einmal einen Aufsatz darüber verfasst habe, wie mein kleiner Bruder spielerisch seine Nachtmittage gestaltete.

Ich erhielt damals nicht nur die Note eins, sondern auch ein ganz besonderes Lob meiner Lehrerin. Es hätte ihr so viel Freude bereitet, den Aufsatz zu lesen, da sie sich durch meine präzisen Schilderungen ganz genau vorstellen konnte, wie mein Bruder spielte, so als wäre sie schon selbst dabei gewesen. Zur Belohnung durfte ich meinen Aufsatz der ganzen Klasse vorlesen und bekam Applaus. Ich war damals so unbeschreiblich stolz auf mich und ich strotzte nur so vor Selbstbewusstsein. Dieses Erlebnis hätte mich aus heutiger Sicht darin bestärken sollen, mein vorhandenes Talent auszubauen. Aber da ich noch ein Kind war und weder meine Lehrerin noch meine Eltern ein Wort in diese Richtung verloren hatten, blieb das

Schreiben und der damit verbundene Erfolg für lange Zeit eine Eintagsfliege. Der Mut, ein Buch zu verfassen, kam erst viel später in mein Leben.

Eine Erkenntnis hat sich im Laufe meines Lebens immer mehr herauskristallisiert: Wenn wir es schaffen, selbst die Autoren unseres Lebens zu werden, und die Regie gleich mit übernehmen, dann haben wir die Möglichkeit, uns zu entfalten und glücklich zu werden. Wenn wir die Kompassnadel möglichst oft auf unsere Bedürfnisse und Wünsche ausrichten, dann sind wir auf dem richtigen Weg zu unserem erfüllten und glücklichen Leben.

Entscheidend ist:
Jede Veränderung, die du durchführen möchtest, solltest du ausschließlich vornehmen, weil du es so willst und damit es dir besser geht.

Veränderungen, die wir nur herbeiführen, um jemand anderem zu gefallen, werden wir nicht lange durchhalten können. Denn wenn diese Veränderungen nicht unserem eigenen tiefen Wunsch entsprechen, werden wir mit ihnen nicht glücklich. Wir sind dann nur Statisten in unserem eigenen Stück.

Deshalb müssen wir zunächst einmal herausfinden, was wir denn tatsächlich verändern wollen und worin unsere Beweggründe liegen. Zu diesem Zweck möchte ich dich erneut dazu auffordern, dir Zeit für dich zu nehmen und dir ganz genau zu überlegen, was in deinem Leben nicht so läuft, wie du es dir wünschst.

Um diesbezüglich Klarheit zu erlangen, nimmst du bitte deine Notizen vom Anfang des Kapitels zu Hilfe und formulierst die kommenden Fragen ganz konkret aus:

o **Wo** möchtest du Veränderungen herbeiführen?

o **Warum** möchtest du das tun?

o **Was** erhoffst du dir davon?

o **Wohin** soll dich die Veränderung führen (Was sind deine Ziele)?

Ich lasse dich das ganz bewusst noch einmal machen, da dir vermutlich während der Visualisierungsübung (Übung 6) noch neue Ideen gekommen sind, die du nun einarbeiten solltest. Ich kenne das von mir selbst und meinen Klientinnen und Klienten.

Falls du noch keine Notizen erstellt haben solltest, hole das jetzt bitte nach.

Und wenn dir zu einem späteren Zeitpunkt noch weitere Ideen kommen sollten, fügst du sie einfach im Nachhinein ein.

Tipp Führe diese Bestandsaufnahme bitte ohne Stimmen im Hinterkopf durch, die dir vielleicht schon wieder suggerieren möchten, dass du dazu kein Recht hast oder du egoistisch seist. Ich mache dich bewusst darauf aufmerksam, dass sich diese Stimmen in dir melden könnten, denn sie sind allgegenwärtig, gerade dann, wenn du dir vornimmst, nicht mehr auf sie zu hören. Also blende sie immer wieder aus, um dir ungestört Notizen machen zu können.

Erst wenn du dir darüber klar geworden bist, was du willst und warum du es willst, kannst du damit beginnen, deine Veränderungen in die Wege zu leiten.

Noch eine kleine Anmerkung: Alles, was du dir heute notierst, ist nicht für immer in Stein gemeißelt und du musst dich auch nicht sklavisch daran halten. Das führt nur zu unnötigen Anspannungen und Blockaden. Deshalb hast du dir ein Arbeitsbuch angelegt, damit du auch immer wieder Modifikationen vornehmen kannst, wenn sich deine Wünsche oder Lebensumstände ändern sollten. Denn genau so, wie wir in Wünsche hineinwachsen, wachsen wir auch manchmal aus ihnen hinaus. Manchmal haben sie für uns irgendwann auch nicht mehr den gleichen Stellenwert wie früher.

Ich mache dich deshalb darauf aufmerksam, weil ich in meinen Coaching-Sitzungen leider immer wieder erlebe, dass sich Menschen, die sich nicht exakt an ihre Vorstellungen und Ziele halten, sofort als Versager fühlen, die nichts von dem, was sie sich vorgenommen haben, auf die Reihe bekommen.

Das lasse ich so generell nie stehen.

Es gibt einen gewaltigen Unterschied zwischen Resignation und Bequemlichkeit oder ganz bewusster Modifikation. Letztere wird dich immer wieder auf deinen richtigen Kurs bringen.

Für den Fall, dass du dir noch kein Arbeitsbuch angelegt oder es gerade nicht zur Hand hast, habe ich eine Übung für dich vorbereitet, in der du jetzt ganz spontan deine Wünsche und Ideen aufschreiben kannst.

Übung 7
SELBSTERKENNTNISSE SAMMELN

Trage hier die Veränderungswünsche ein, die dir ganz spontan in den Sinn kommen. Es spielt keine Rolle, ob sie später umsetzbar sind oder nicht. Sie öffnen dir eine Tür zu deinem Unterbewusstsein. Die Wünsche kannst du zu einem späteren Zeitpunkt nach Prioritäten ordnen.

....

....

....

....

....

....

....

....

....

....

....

....

....

....

....

Für den Fall, dass du jemand bist, der nicht so gerne schreibt, kannst du dir auch statt der schriftlichen Notizen oder als Ergänzung Sprachnotizen aufnehmen. Sie haben den Vorteil, dass du sie dir auch einmal in Ruhe mit geschlossenen Augen anhören kannst, wenn du zum Lesen zu müde bist.

Sollte es dir noch nicht gelingen, konkrete Ziele oder Wünsche für dich selbst zu formulieren, so sei bitte nicht enttäuscht und lass dich davon nicht entmutigen. Du kannst zunächst damit beginnen, für einen bestimmten Zeitraum ein Tagebuch zu führen. Dafür ist nicht viel Zeitaufwand nötig. Es reichen schon Stichworte. Ich führe Tagebuch, wenn mir danach ist, versehe aber dann meine Einträge mit dem jeweiligen Datum. Es gibt auch sehr schöne Kalender, die genug Platz für Einträge bieten.

Wenn du dir die Zeit zum Schreiben nimmst, wirst du mit ziemlicher Sicherheit, wenn du die Notizen zu einem späteren Zeitpunkt wieder liest, darüber staunen, was du inzwischen schon alles geschafft hast, und wirst unendlich stolz auf dich sein.

Dinge, die du dir vielleicht nie zugetraut hättest, hast du unter Umständen schon erreicht oder umgesetzt.

Schreiben kann wirklich eine sehr spannende und bereichernde Erfahrung sein!

Probiere es einfach einmal aus. Du wirst womöglich feststellen, dass dir das Schreiben sehr schnell zu einer lieben Gewohnheit wird.

Auch wenn dich Sorgen und Ängste drücken und nicht mehr loslassen, kann das Schreiben eine sehr hilfreiche Methode sein, um die Dinge, die dich belasten, zu verarbeiten. Es kann sich unglaublich befreiend auf dich auswirken. Denn wenn dich etwas intensiv beschäftigt, sei es positiv oder negativ, so stellt das Niederschreiben eine Entlastung für deinen Geist dar. Alles, was du dir notiert hast, musst du gedanklich nicht mehr mit dir herumschleppen. Somit schaffst du wieder Raum für neue konstruktive Gedanken, die dich im Idealfall wieder zu Lösungen für deine Probleme führen können.

Ich selbst begann, als es mir emotional wirklich nicht sehr gut ging, damit, ein Jahr lang konsequent Tagebuch zu führen. In dieser Zeit notierte ich hauptsächlich alles, was mir Angst machte und mir enorme Sorgen bereitete. Ich muss zugeben, es war ein Tagebuch des Schreckens.

Als ich mir im Januar des folgenden Jahres meine Aufzeichnungen durchlas, stellte ich erstaunt, erfreut, erleichtert und gleichzeitig etwas verärgert fest, dass viele meiner Ängste und Sorgen gar nicht eingetreten waren.

Und diese Erkenntnis traf mich wie ein Blitzschlag aus heiterem Himmel. Ich hatte mir die meisten Sorgen völlig umsonst gemacht! Ich hatte mir mit meinen Ängsten ein ganzes Lebensjahr vergällt. All diese Zeit, die ich nicht mit konstruktivem Denken verbrachte, war kostbare Lebenszeit, die ich verschwendete. Es ist Zeit, in der ich bereits ausgeglichen und glücklich oder wenigsten zufrieden hätte sein können.

Kennst du das auch von dir? Du zermarterst dir dein Hirn über eine bestimmte Sache, die du bei genauerem Hinsehen gar nicht beeinflussen kannst. Du malst dir die schlimmsten und schwärzesten Szenarien aus, nur um nachher festzustellen, dass es gar nicht so schlimm kam. Das Schlimme an negativen Gedankengängen ist neben der Zeit, die wir mit ihnen verschwenden, auch der Umstand, dass negative Gedanken, wie du bereits weißt, auch negative Gefühle hervorrufen.

Wir können den Lauf der Dinge in den meisten Fällen weder verhindern oder aufhalten, denn sie entziehen sich unserer Macht und Kontrolle. Alles kommt, wie es kommen soll. Manchmal entwickeln sich die Dinge genau dann zu unseren Gunsten, wenn wir nicht aktiv eingreifen.

Dies gilt auch in Bezug auf andere Menschen. Wir können sie nicht ändern und oft auch nicht davon abhalten, Dinge zu tun, die uns nicht gefallen oder ängstigen. Also ist es doch viel besser und gesünder, sich erst gar nicht zu sehr mit all diesen Dingen zu belasten. Ich weiß, das klingt jetzt sehr banal, und vielleicht wirst du denken, es sei ja nicht machbar, sich zum Beispiel um unseren Partner oder unsere Kinder nicht zu sorgen. Aber mal Hand aufs Herz: Hat es dir schon einmal irgendetwas genützt?

Ich zum Beispiel war und bin eine sehr behütende Mutter. Was mir mein Sohn schon mehrfach durch ein liebevolles, aber bestimmtes „Mama du nervst, mir passiert schon nichts" quittiert hat. Und sein Einspruch war in so gut wie jedem Fall berechtigt. Es gab natürlich auch immer wieder Situationen, in denen ihn meine Ermahnung zu etwas mehr Vorsicht auch beschützt hat. Aber im folgenden Fall wohl eher nicht. Als mein Sohn mir vor einigen Jahren erzählte, er und seine Freunde wollten in einem Club feiern, der ca. 150 Kilometer von seiner Wohnung entfernt lag, war mein erster Gedanke: Muss das sein? Was da alles unterwegs passieren kann! Und dann wurde es mir klar. Ja es muss sein, denn er möchte da hin. Genau dasselbe habe ich in seinem Alter auch gemacht. Ich habe gelebt. Und es war für mich damals sonnenklar, dass ich den Abend mit meinen Freunden verbringen, eine schöne Zeit haben und danach gesund und müde in meinem Bett liegen würde. Ich hatte mir nicht im Traum ausgemalt, dass ich tot im Straßengraben enden oder mir sonst etwas Schlimmes zustoßen könnte.

Dieser Part fiel damals eher meiner Mutter zu. Das Dumme war, dass sie es schaffte, diese ewige Besorgnis auf mich zu übertragen. Ständig lag sie mir mit irgendwelchen Schauergeschichten und wohlgemeinten Warnungen in den Ohren, was dazu führte, dass ich mein Urvertrauen immer mehr verlor und mich zunehmend in Ängste und Sorgen verstrickte. Irgendwann fing ich an, mich zu fragen, ob ich überhaupt noch richtig lebe. Denn es fühlte sich schon seit geraumer Zeit nicht mehr so an. Es war eher so, dass ich funktionierte. Und ich achtete sehr darauf, nur ja nicht in Gefahr zu geraten.

Als ich mein Sorgentagebuch las, kam mir schließlich der Gedanke, dass es nicht zuträglich ist, dass wir uns ständig meist unnötige Sorgen machen, wenn wir ein glückliches, zufriedenes und selbstbestimmtes Leben führen wollen. Das genaue Gegenteil ist der Fall. Es ist sogar sehr kontraproduktiv, da die negativen Gedanken und Sorgen die Regie in unserem Leben übernehmen und es somit überschatten.

Eine sehr gute Freundin von mir führte ungefähr zur gleichen Zeit wie ich ein Sorgentagebuch. Sie kam am Ende zu den gleichen Resultaten wie ich. Auch sie hatte sich Sorgen um Dinge gemacht, die nie eingetreten waren. Wir mussten beide lachen, als wir uns davon am Telefon berichten. Und so beschlossen wir gemeinsam, mit dem Kapitel der Ängste und Sorgen abzuschließen. Wie wir das genau anstellen wollten, wussten wir noch nicht. Aber als sie mich einige Wochen später zu sich einlud, bat sie mich darum, mein Tagebuch des Schreckens mitzubringen. Meine Freundin lebt einige hundert Kilometer von mir entfernt und ist stolze Besitzerin eines schönen Gartens. Und als wir am ersten Abend meines Besuches so gemütlich beisammensaßen, unterbreitete sie mir ihre Idee, wir könnten unsere Sorgen und Ängste doch in ihrer Feuerschale verbrennen. Was für eine großartige Idee! Wir setzten sie auch direkt und ohne weiteres

Nachdenken in die Tat um. Da es ein Mädelsabend war, tranken wir dazu ein Gläschen Sekt und verbrannten unter großem Gekicher Seite für Seite aus unseren Sorgenbüchern. Dabei kamen wir uns ein bisschen wie „Die Hexen von Eastwick" vor. Das war so ein befreiendes und schönes Gefühl. Es fehlte uns eigentlich nur noch Jack Nicholson.

Nach diesem befreienden Akt gingen wir beide dazu über, nur noch die positiven Ereignisse unserer Tage zu notieren. Ich habe das bis heute beibehalten. Es fühlt sich schön und richtig an, mich auf all die Dinge zu konzentrieren, die an einem Tag gut gelaufen sind. Wenn du selbst erst einmal beginnst, auf diese Weise auf dein Leben zu blicken, bist du vielleicht auch sehr erstaunt darüber, wie viel Gutes dir an einem Tag begegnet ist. Diese Vorgehensweise verändert automatisch unseren Blickwinkel: weg vom Negativen, hin zum Positiven. Zugegeben, das schaffe ich auch nicht an jedem Tag. Manchmal holen auch mich die alten Muster kurz wieder ein, wie Geister der Vergangenheit, aber das ist nicht weiter schlimm. Denn jetzt weiß ich ja, wie ich das korrigieren kann. Und natürlich gibt es Tage, die wirklich richtig mies laufen, und trotzdem vertrete ich die Ansicht, dass ich auch an solchen Tagen etwas finden kann, das gut ist, – und sei es nur die kleinste Kleinigkeit.

Wenn ich vor dem Einschlafen meine schönen Ereignisse noch einmal Revue passieren lasse, so erfüllt mich das mit einer tiefen Zufriedenheit. Und wenn es richtig gut läuft, nehme ich die schönen Erlebnisse des Tages sogar mit in meine Träume.

Ein schöner Nebeneffekt dieser neuen Vorgehensweise kann sein, dass du dich schon während des Tages mehr und mehr auf die positiven und schönen Ereignisse konzentrierst. Denn mal ganz ehrlich: Wie oft hetzen wir ohne offenes Bewusstsein durch den Tag? Wie oft fühlen wir uns nur getrieben und nehmen die schönen Dinge des Lebens gar nicht mehr wahr? Wenn es uns gelingt, wieder achtsamer zu sein und den Fokus auf die positiven Ereignisse zu richten, dann stellt sich unwillkürlich auch eine innere Entspannung und Zufriedenheit ein.

Dabei kann dir auch folgende Visualisierungsübung helfen:

 Praxis

Übung 8
VISUALISIERUNG: DIE EIGENEN ÄNGSTE AUFLÖSEN

Setze dich an einen schönen, ruhigen Platz und male dir deine Zukunft in den schönsten Farben, die du dir nur vorstellen kannst, aus. Lass dabei bitte alle negativen Gedanken wie „Jetzt spinn doch hier nicht rum, das funktioniert sowieso nicht" erst gar nicht aufkommen. Lass diese negativen Gedanken bitte ziehen. Sag dir selbst, dass hier und heute kein Platz für sie ist. Setze die Sorgen und Ängste und Bedenken gedanklich auf ein Blatt im Wasser und lass sie im Fluss davontreiben. Oder setze diese Gedanken imaginär auf eine Wolke und lass sie vom Wind davontragen.

Wenn du das gemacht hast, stell dir bitte vor, wie gut du dich damit fühlen würdest, wenn dein Leben so verlaufen könnte, wie du dir das wünschst. Visualisiere bitte wieder alles ganz genau. Jedes Detail kann dir dabei helfen. Wenn bei dir zum Beispiel eine ungeliebte Gehaltsverhandlung ansteht, dann spiele im Geist durch, wie das Gespräch mit deinem Vorgesetzten laufen soll. Bitte räume an dieser Stelle den negativen Gedanken keinen Platz ein. Bring dich in eine optimistische Stimmung. Falls dir das nicht ganz leichtfallen sollte, dann setze ein Lächeln auf. Das signalisiert deinem Gehirn, dass alles gut ist.

Versuch dir nun vorzustellen, wie du ganz souverän in das Gespräch hineingehst und mit einem zufriedenen Lächeln und einer fetten Gehaltserhöhung wieder herauskommst. Spüre, wie viel Kraft und Selbstvertrauen du aus dieser Übung mitnehmen konntest, wie gestärkt du daraus hervorgegangen bist.

Solltest du mit dieser Form der Visualisierung noch keine Erfahrungen gemacht haben, klingt das für dich vielleicht erst einmal befremdlich. Aber solche Übungen können dir helfen, dich selbst immer wieder positiv und zuversichtlich zu stimmen. Mit der Zeit geht das immer besser und immer schneller. Übung macht auch hier wie immer den Meister. Es geht bei dieser Form der Visualisierung nicht darum, dir immer alles schönzureden. Die Übung soll dich eher dabei unterstützen, dass du nicht in negatives Denken abrutschst und dich unter Anspannung setzt. Denn Anspannung und Angst liegen nah beisammen und Angst ist, wie du inzwischen weißt, ja in jeder Lebenslage ein schlechter Ratgeber.

Also, bitte verinnerliche:
Eine positive Visualisierung kann uns dabei unterstützen, dass wir uns gut fühlen und somit handlungsfähig sind.

Dies ist für den nächsten Schritt besonders wichtig, da es nun darum geht, nicht nur die Wahrnehmung, sondern auch das eigene Handeln zu ändern. Damit befassen wir uns dann ausgiebig in Phase 5. Wie du dir vielleicht vorstellen kannst, war das zu Beginn auch für mich selbst alles andere als einfach. Denn nun musste ich mich dazu überwinden, künftig Dinge zu tun, die mich sonst enorm ängstigten und stressten. Ich musste lernen, nach vorne zu schauen und den Mut aufzubringen, Herausforderungen anzunehmen, die ich mir früher schlicht und ergreifend nicht zugetraut hätte. Im Laufe der Zeit lernte ich zu erkennen, dass zu Erfolgen auch Niederlagen gehören, die keine Schande sind. Und ich durfte lernen, dass mich Niederlagen auch weiterbringen und stärken können.

Ein so erworbenes Selbstwertgefühl bleibt uns für immer erhalten.

Es gibt ein schönes Sprichwort, dessen Ursprung mir leider nicht bekannt ist:

„DEINE LEBENSSPANNE IST DIESELBE,
EGAL OB DU SIE LACHEND ODER
WEINEND VERBRINGST."

Ich finde, diesen genialen Satz sollten wir uns gut einprägen. Mich mehr auf das Lachen und die guten und lustigen Dinge zu konzentrieren, gelingt mir natürlich auch nicht immer, aber ich ermahne mich immer wieder dazu. Das mache ich an sehr schwierigen Tagen sehr gerne auch vor dem Spiegel. Das hat den wunderschönen Nebeneffekt, dass es mich grundsätzlich zum Lachen bringt, ganz besonders dann, wenn ich eine ganz traurige Grimmasse ziehe. Dann gelingt es mir sehr zügig, mich aus einer belastenden Situation zu befreien.

Sich selbst im Spiegel anzulachen, ist zu Beginn etwas befremdlich, das gebe ich gerne zu. Ich habe es aber schon meinen Klientinnen und Klienten empfohlen und durchweg positive Resonanz erhalten. Wenn du dich auch traust, kannst du selbst erleben, wie wunderbar und heilsam das sein kann. Denn wenn wir lächeln, signalisiert das unserem Gehirn, dass alles in Ordnung ist und es uns gut geht. Wir setzen dadurch Endorphine frei, die uns glücklich machen.

Auch an Tagen, an denen du so schlecht drauf bist, dass dir nicht zum Lachen zumute ist, funktioniert diese Technik fast immer zuverlässig. Dazu stellst du dich einfach vor den Spiegel und schaust dich so grimmig und traurig wie möglich an. Es dauert meist nicht lange, dann musst du über dich selbst lachen. Diese Methode wurde mehrfach getestet und für hilfreich befunden.

 **Probiere die Spiegeltechnik einfach selbst einmal aus. Das Schlimmste, was passieren könnte, ist, dass sie für dich nicht funktioniert. Und davon gehe ich nicht aus.**

Selbstverständliche laufe ich jetzt nicht ständig mit einem Lächeln durch die Gegend, ich bin ja schließlich kein Smiley. Aber ich bemühe mich darum, die schönen Dinge in meinem Leben mehr zu würdigen. Diese Einstellung hat dazu geführt, dass ich mich heute deutliche öfter freue als früher. Ich habe meine kindliche Freude wiederentdeckt. Damit wiederum handle ich mir ab und zu den Satz meines Partners ein: „Du bist so albern." Aber hey, damit kann ich sehr gut leben.

Es ist so wunderbar befreiend, wenn man erst einmal damit beginnt, an sich selbst und seine Stärken zu glauben. Es macht glücklich, wenn selbst aus vermeintlichen Niederlagen neue Ideen und Chancen erwachsen oder wenn du miterlebst, wie sich vielleicht eine Tür schließt, sich dafür aber ein Fenster öffnet.

Diese Erfahrungen sind unsere wertvollen Schätze. Sie können uns voll und ganz mit Stolz und Zuversicht erfüllen, über ausreichend eigene Ressourcen und Möglichkeiten zu verfügen.

Es ist so ermutigend, wenn wir spüren, wie sich das eigene Selbstwertgefühl immer mehr entwickelt, wie es sich mit Beharrlichkeit und Zuversicht immer weiter ausbauen und fördern lässt.

Du möchtest das auch weiterhin erleben?

Dann Start frei für die nächste Phase!

FAZIT AUS PHASE 4

Du weißt nun, wie du herausfinden kannst, was dir wichtig ist.

Du bist selbst dazu in der Lage, alte Verhaltensmuster auszumachen und aufzulösen.

Du konntest erkennen, dass es sich lohnen kann, sich auf unbekanntes Terrain zu begeben.

Und du weißt inzwischen auch, wie du am besten mit deinen unnötigen Sorgen und Ängsten umgehst.

Es liegt nun ganz allein bei dir, deine neuen Erkenntnisse so zu verwerten, dass sie dich wieder ein ganzes Stück näher an dein Ziel bringen.

Herzlichen Glückwunsch! Jetzt bist du schon wieder einen Schritt weiter.

Phase 5

MUT ZU VERÄNDERUNGEN

„Unser Handeln im Alltag bestimmt,
ob wir glücklich sind oder nicht."
Seine Heiligkeit der XIV. Dalai Lama (*1935)

Wie du dich bestimmt erinnerst, hatte ich in Phase 4 bereits davon gesprochen, dass es für deine Veränderung den richtigen Zeitpunkt, ein bisschen Mut, eine gewisse Eigenliebe, ein paar nette Menschen und vielleicht unterstützende Anregungen braucht, um etwas zu bewegen.

Beginnen wir mit dem richtigen Zeitpunkt:

Der richtige Zeitpunkt ist genau dann, wenn es sich für dich richtig anfühlt: also, wenn du für dich erkennst, dass du nicht mehr weitermachen möchtest wie bisher, und wenn du herausgefunden hast, auf welchen Ebenen – beruflich oder privat – du zuerst aktiv werden möchtest und kannst. Genau dann startest du durch.

Wenn du selbst dazu noch keinerlei Ideen hast, wie du die Veränderungen dann umsetzen sollst, dann könntest du Menschen, denen du vertraust, um ihre Meinung zu deiner jetzigen Lebenssituation bitten. Du könntest sie dazu befragen, ob sie erkennen, welchen Handlungsbedarf es bei dir gibt. Die Antworten, die du erhältst, sind nur Statements, die du zu deiner Orientierung verwenden kannst. Sie sind keine Anweisungen, denen du folgen musst. Wenn dir das zu gewagt oder zu intim erscheint, kannst du dich auch in Autobiografien von Menschen einlesen, die dir als Vorbild dienen können. Dadurch kannst du weitere wertvolle Einblicke und Ideen erhalten, die dich weiterbringen. So an die Veränderung heranzugehen, ist aus meiner Erfahrung eine gute Methode.

Es gibt so gut wie keine Situation, für die sich nicht ein passender Rat oder Ratgeber finden lässt. Irgendwann fiel es mir ganz bewusst auf, dass immer genau in dem Moment, in welchem ich eine Veränderung vornehmen wollte, der passende Ratgeber bei meinem Lieblingsbuchhändler stand, und zwar so platziert, dass ich ihn gar nicht übersehen konnte. Manchmal dachte ich dann bei mir selbst: „Oh! Da muss Magie im Spiel sein!" Aber viel wahrscheinlicher ist, dass sich meine Wahrnehmung für Chancen und Zufälle mit der Zeit geschärft hat.

Es ist mir natürlich auch schon passiert, dass ich mir ein Buch gekauft habe, weil mir der Titel gefiel, und ich später, als ich in die Lektüre vertieft war, mit dem Inhalt nicht wirklich etwas anfangen konnte.

 Gib ein solches Buch bitte nicht übereilt weg. Es ist bestimmt kein Fehlkauf. Denn du hast es dir mit ziemlicher Sicherheit nicht ohne Grund besorgt. Stell das Buch doch vorläufig erst einmal in dein Bücherregal. Es kann dir unter Umständen zu einem späteren Zeitpunkt noch sehr gute Dienste erweisen.

Ich habe das selbst schon mehrfach erlebt. Ich hatte mich weiterentwickelt und bei einer meiner zahlreichen Umräumaktionen fiel mir eines dieser Bücher in die Hände und weckte erneut meine Neugier. Und als ich mich abermals darin vertiefte, konnte ich erstaunt feststellen, dass jetzt genau der richtige Zeitpunkt gekommen war, es zu lesen und den Inhalt zu begreifen.

Plötzlich war für mich alles stimmig. Genau jetzt ergab alles in diesem Buch einen Sinn, der sich mir zuvor einfach nicht erschließen wollte. Nun konnte ich die Ratschläge verstehen. Ich konnte sie besser einordnen und sah mich dazu in der Lage, einige davon in die Tat umsetzen. Man könnte das im Nachhinein als gute Intuition mit Weitblick interpretieren.

Manchmal kommt es jedoch auch vor, dass Ratschläge, die du aus Ratgebern ziehst, für dich zu forsch sind und sie dich eher verängstigen und dich damit mehr blockieren würden, als dir zu helfen, zum Beispiel wenn dir in einem Ratgeber vorschlagen wird, dass es besser wäre, dich so schnell wie möglich von deinem derzeitigen Partner oder Arbeitgeber zu trennen. Selbst wenn du tief in dir drin ganz genau spürst, dass dies mit Sicherheit der richtige Weg für dich sein könnte, lass dich nicht ausschließlich von deinen Emotionen leiten. Lass bitte Vorsicht walten! Veränderungen in diesen Ausmaßen solltest du nicht aus einem Moment heraus vornehmen.

Nach meinen eigenen Erfahrungen schadet es nicht, Veränderungen erst einmal im Kleinen anzugehen, in unserem eigenen Tempo und in Etappen. Gerade zu Beginn, wo du noch nicht so geübt bist und dein Selbstwertgefühl noch sehr instabil sein kann, solltest du nichts überstürzen. Sonst scheiterst du vielleicht an deinem Vorhaben und fühlst dich hinterher noch schlechter als zu Beginn der Veränderung. Oder du beginnst aus lauter Angst, die dich derzeit noch beherrschen kann, erst gar nicht damit, etwas zu ändern, weil dir alles viel zu groß und nicht umsetzbar erscheint.

An dieser Ausführung kannst du erkennen, wie zerrissen wir innerlich sein können, wenn es darum geht, elementare Dinge in unserem Leben zu verändern. Aber wir wollen trotzdem, dass sich etwas ändert und dass es uns bessergeht.

Zu diesem Zeitpunkt kannst du schon auf deine hilfreichen Notizen, die du dir inzwischen gemacht hast, zurückgreifen und dir vielleicht anhand einer Liste einen realistischen Überblick verschaffen, wo deine Baustellen sind. Sollte es sich herausstellen, dass es gleich mehrere Baustellen gibt, die du unbedingt beseitigen möchtest, so schlage ich dir vor, die Liste zu priorisieren. Sortiere sie unter dem Gesichtspunkt, wie leicht du die jeweilige Baustelle beseitigen kannst. Das kann auch ein kleiner Motivationsschub für dich sein, da du auf diese Weise einigermaßen entspannt und recht zügig die ersten Erfolge verbuchen kannst. So kannst du schon bald einige Punkt von der Liste streichen, das stärkt dein Selbstwertgefühl, da du dazu in der Lage warst, die Dinge aktiv anzugehen.

Bei der konkreten Umsetzung von Veränderungen ist es nach meinen Erkenntnissen am leichtesten, damit zu beginnen, sich erst einmal dem Entrümpeln der Wohnung oder des Hauses zu widmen. Jetzt magst du dir vielleicht verdutzt die Frage stellen, wozu das denn bitte gut sein soll. Die Erfahrung hat mir gezeigt, dass das Chaos im Inneren eines Menschen auch fast immer im Äußeren zu erkennen ist. Diese Feststellung kann ich auch für mich selbst so unterschreiben. Wenn Chaos um mich herum herrscht, kann ich nicht gut denken, geschweige denn kreativ sein. Dazu brauche ich erst die Ordnung im Äußeren, damit sie sich auf mein Inneres übertragen kann.

Wenn uns unsere Umgebung keinen Raum mehr lässt, um uns zu entfalten, sind auch unsere Gedanken eingeschränkt. Es hat fast den Anschein, als würden Ideen und Lösungen von Unordnung blockiert. Wenn uns Dinge permanent im Weg sind, uns die Schränke und Regale verstopfen und wir nur noch genervt sind von all dem Ballast, dann ist es Zeit, etwas zu verändern und uns Raum und Luft auf allen Ebenen zu verschaffen.

Deshalb schlage ich dir vor, im ersten Schritt erst einmal damit zu beginnen, die Gegenstände, die dich mittlerweile mehr belasten als erfreuen, etwas genauer zu betrachten. Nimm sie ganz bewusst unter die Lupe.

Tipp

Bitte tappe nicht gleich zu Beginn in die Falle, darüber nachzudenken, dass manche Dinge in der Anschaffung einmal sehr teuer waren. Das könnte dich enorm ausbremsen und ist zu diesem Zeitpunkt noch nicht relevant. Du sollst die Gegenstände nicht entsorgen, sondern dich nur damit beschäftigen, ob sie für dein Glücklichsein noch förderlich sind.

Ich habe dir auch dazu wieder eine Übung vorbereitet.

Übung 9
ORDNUNG IM EIGENEN LEBEN SCHAFFEN

Um dir mehr Luft und Freiheit in deinem persönlichen Umfeld zu schaffen, hat es sich als hilfreich erwiesen, die Gegenstände in die Hand zu nehmen und zu spüren, was sie emotional in dir auslösen. Frage dich, ob du diesen oder jenen Gegenstand überhaupt noch magst oder benötigst. Für alle Jäger und Sammler ist das keine allzu leichte Aufgabe, dessen bin ich mir bewusst. Aber wenn ich das lernen konnte, dann kannst du es mit Sicherheit auch.

Um dir deinen Start ein bisschen einfacher und übersichtlicher zu machen, habe ich dir hier schon einmal Kategorien, nach denen du vorgehen kannst, vorbereitet.

Du kannst dir vorab Kartons, Müllsäcke oder Wäschekörbe bereitstellen und die entsprechende Kategorie darauf vermerken. Das erleichtert dir später das weitere Vorgehen.

Kategorie I:
DAS KANN WEG

Dann bitte sofort in die Entsorgungsbox!

Schiebe das Entsorgen bitte erst gar nicht wieder auf die lange Bank. Greife auf deine vorbereiteten Entsorgungshilfen zurück und pack alles hinein, von dem du intuitiv ganz sicher weißt, dass du es nicht mehr haben willst.

Gut, ich gebe zu, dass ich auch schon hier und da etwas entsorgt habe, was ich ewig nicht benötigt hatte. Und just, nachdem es entsorgt war, hätte ich es brauchen können. Aber mal im Ernst: Wir können nicht bis unter das Dach Dinge anhäufen, nur weil wir etwas alle Schaltjahre – vielleicht! – einmal gebrauchen könnten. Ich könnte dir heute nicht einmal mehr sagen, was das damals war, und daran erkenne ich, dass es von nicht allzu großer Bedeutung gewesen sein kann. Also hatte ich damals richtig entschieden.

Kategorie II:
DAS BRAUCHE ICH BESTIMMT NOCH

Solche Sachen könntest du eventuell gut beschriftet im Keller oder in der Garage verstauen, sofern du diesen Luxus an Räumlichkeiten haben solltest. Ich habe mittlerweile unseren gesamten Keller mit Regalen und Schränken ausstaffiert, damit wir genug Stauraum außerhalb unserer nicht allzu geräumigen Wohnung haben. Dazu musst du wissen, dass nicht nur Frauen dazu neigen, Dinge zu horten, von denen sie glauben, sie aus den unterschiedlichsten Gründen nicht weggeben zu können. Mein Partner ist darin auch ein Weltmeister. Aber wir haben mittlerweile eine sehr gute Methode gefunden, um damit umzugehen.

Wir bewahren die Dinge, von denen wir uns zum jetzigen Zeitpunkt noch nicht so ganz trennen können, im Keller in beschrifteten Kartons auf. Und immer, wenn die Regale zu voll sind und wir nichts Neues mehr unterbringen können, öffnen wir die alten Kartons und prüfen erneut, was davon entsorgt werden kann. Und in den meisten Fällen trennen wir uns plötzlich ganz problemlos von Dingen, von denen wir ein Jahr zuvor noch glaubten, es nicht zu schaffen, sie wegzugeben.

Ich rate dir allerdings dringend davon ab, Gegenstände deines Partners ohne seine ausdrückliche Zustimmung zu entsorgen. Denn damit greifst du eindeutig in seine Privatsphäre ein. Du kannst nicht einschätzen, welchen Schmerz oder Verlust du damit unter Umständen bei ihm auslösen könntest. Hier ein kleines Beispiel: Ich selbst habe zu meinem ersten Geburtstag einen Stoffhasen namens Hasi von meinen Eltern bekommen. Hasi sitzt, seit ich denken kann, bis heute auf meinem Bett. Hasi ist mein kleines Heiligtum, nicht einmal mein Sohn durfte mit ihm spielen. Für meinen Partner ist er eher eine alte Bazillenschleuder, welche auf dem Müll gut aufgehoben wäre. Für mich ist mein Hasi ein „Lebensgefährte" und ich verbinde mit ihm sehr viele Erinnerungen. Es würde mir das Herz brechen, wenn er von irgendjemandem entsorgt würde. Das mag vermutlich albern klingen, aber zu dieser kleinen Eigenheit stehe ich. So viel Selbstbewusstsein darf schon sein.

Deshalb bitte, bitte unbedingt daran denken: Finger weg von Dingen, die nicht dir gehören!

Kategorie III:

DAS BRAUCHE ICH NICHT MEHR, ES IST ABER ZU SCHADE ZUM WEGWERFEN

Diese Dinge kannst du noch sehr gut an andere Menschen verschenken:

o innerhalb deiner Familie

o an Freunde

o an eine gemeinnützige Einrichtung

Das mindert dein vielleicht immer noch vorhandenes schlechtes Gewissen, etwas verschwendet zu haben. Wenn du etwas selbstlos an jemand anderen verschenkst, dann kann das auch ein großer emotionaler Gewinn für dich werden. In den meisten Fällen bekommst du die Freude, die du jemandem anderen bereitet hast, als Geschenk an dich zurück. Du kennst ganz bestimmt das Sprichwort: „Geben ist seliger denn nehmen."

Probiere es einfach einmal aus. Es macht sehr viel Spaß und ist ungemein befreiend!

Wenn du erst einmal damit begonnen hast, in deinen Schränken, Regalen und Schubladen Ordnung zu schaffen, und somit Platz gewinnst, wird sich mit allergrößter Wahrscheinlichkeit ganz schnell ein Gefühl der Erleichterung und Befreiung in dir ausbreiten. Und du wirst ganz erstaunt feststellen können:

Plötzlich ist da mehr Raum!

Mehr Freiheit!

Mehr Luft zum Atmen!

Platz für neue Dinge …

 **Das Schöne an dieser Methode ist, dass nur du allein bestimmst, was in deinem Leben noch wichtig ist, dass nur du darüber befindest, was für dich von Bedeutung bleibt, dass nur du darüber entscheidest, was Bestand haben soll und was wegkann.**

Wenn du damit begonnen hast, ist dein erster Schritt in ein selbstbestimmtes Leben schon einmal gemacht. Und du kannst mit Recht stolz auf deine Leistungen sein. Falls du nun denkst, das sei doch keine Leistung gewesen, so solltest du das noch einmal überdenken. Sich von Dingen zu trennen ist kein einfacher Schritt und jede Kleinigkeit, die wir in dieser Richtung erreicht haben, sollten wir gebührend loben. Jetzt könnten wir uns erst einmal zurücklehnen und glücklich sein, dass wir so gut im Entrümpeln waren.

Wenn das alles war, was dich in deinem Leben belastet hat, dann bist du ein beneidenswerter Mensch, und ich gratuliere dir von ganzem Herzen. Da du aber dieses Buch gekauft hast, vermute ich, dass du noch deutlich mehr verändern möchtest, dass das bisher nur der Einstieg war. So war es auch bei mir selbst. Denn nur in den seltensten Fällen, so viel konnte ich in Erfahrung bringen, ist es nur allein das Gerümpel in unserem Zuhause, welches sich zu Ballast entwickelt und uns zu schaffen macht. Auch Menschen, die sich in unserem Leben angesammelt haben und uns mehr Energie rauben als Freude schenken, können zu großem Ballast in unserem Leben werden.

Dieses Problem dürfte den meisten von uns nur allzu vertraut sein. Wir sind von Menschen umgeben, mit denen wir einfach nichts mehr anzufangen wissen. Sie passen nicht mehr in unser Leben, vielleicht langweilen sie uns. Aber diese Menschen sind noch die unproblematischste und harmloseste Variante von Zeiträubern. Oft wissen sie ja gar nicht, wie wir zu ihnen stehen, da wir uns aus Höflichkeit nicht dazu äußern.

Doch es gibt bestimmt auch in deinem Leben Menschen, die dir mit schöner Regelmäßigkeit den letzten Nerv rauben. Das kostet dich unnötige Energie, die du an anderer Stelle viel dringender benötigen würdest. Davon, dass es sich hierbei um deine sehr kostbare Lebenszeit handelt, einmal ganz zu schweigen. Das kenne ich sowohl von mir selbst als auch von den Berichten in meinen Coaching-Sitzungen.

Und trotzdem befinden sich diese Personen noch in unseren Adressregistern, in unseren Telefonkontakten, in unserem Leben und in unseren Köpfen.

Wir alle kennen dieses ungute Gefühl, dass wir XY mal wieder anrufen müssten.

Aber schon allein diese Formulierung zeigt uns ganz deutlich, dass wir das eigentlich gar nicht wollen. Denn wenn wir Freude daran hätten, uns mit XY auszutauschen, dann würden wir es tun. Und sei es nur kurz und sporadisch aus dem Bedürfnis heraus. Ich selbst habe auch noch viele Kontakte, mit denen ich mich leider nicht so oft austauschen kann, wie ich es gerne würde, aber das ist nicht so tragisch, denn wir bleiben immer gegenseitig in Kontakt, manches Mal mit längeren und dann wieder mit kürzeren Abständen. Das ist ganz normal und von solchen Kontakten sollten wir uns auch nicht trennen. Was ich persönlich an diesen Menschen ganz besonders schätze, und ich glaube, deshalb funktioniert das auch so gut, ist die Tatsache, dass ich von ihnen nie Vorwürfe bezüglich einer längeren Funkstille bekomme. Und ich selbst mache auch keine negativen Bemerkungen wie: „So, meldest du dich auch mal wieder?" Das hat aus meiner Sicht etwas mit gegenseitigem Respekt zu tun.

Diesen Menschen fühle ich mich trotz längerer Pausen des Austauschs stets sehr verbunden. Egal, wie lange der letzte Kontakt zurücklag, es fühlt sich immer so an, als hätte man erst gestern miteinander gesprochen. Diese Kontakte geben uns das angenehme Gefühl von Zugehörigkeit, die ganz ohne Druck entsteht. Du hast selbst auch solche Menschen in deinem Leben? Das freut mich wirklich sehr für dich.

Es gibt aber auch noch die andere Kategorie von Menschen, die leider jedes Gespräch erst einmal mit einem Vorwurf eröffnen und es somit schaffen, dass unsere vorher gute Stimmung rasant in den Keller fährt. Und trotzdem verabschieden wir uns oft über lange Jahre nicht von ihnen. Warum ist das so? Nach meiner Erfahrung liegt es daran, dass ein Großteil von uns sich mit Trennungen sehr schwertut. Das hängt zu einem nicht unerheblichen Teil mit unserem Gewissen zusammen, das uns davon abhält. Denn wir wollen ja auch niemanden unnötig verletzen.

Aber um selbstbestimmt zu leben, sollten wir uns der Frage stellen, warum wir uns nicht von Menschen verabschieden wollen, die so gar nicht mehr zu unseren Werten und Vorstellungen passen. Um es für dich ein bisschen zu vereinfachen, habe ich einen kleinen Denkanstoß für dich vorbereitet.

 Ich habe dafür, wer mir guttut, meine eigene Glücksformel. 70 % meiner Gefühle in der Beziehung zu anderen Menschen müssen für mich positiv und erfüllend sein. Mit den 30 %, die nicht so rundlaufen, kann ich gut leben. (Ich selbst habe ja auch meine 30 %, mit denen ich meine Mitmenschen nicht so positiv stimme).

Wenn das Verhältnis meiner guten Gefühle von 70 % zu 30 % über einen längeren Zeitraum zu kippen beginnt, hinterfrage ich diese Beziehung. Damit habe ich sehr gute Erfahrungen gemacht.

Es gibt eine, wie ich finde, gute Frage, mit der wie uns auseinandersetzen sollten, um ein selbstbestimmtes und glückliches Leben zu führen:

Sind wir wirklich verpflichtet, Menschen in unserem Leben Raum und Zeit zu widmen, die uns so gar nicht mehr guttun? Müssen wir uns mit Personen beschäftigen, die das vielleicht noch nie taten und die nur durch irgendwelche Umwege den Zugang in unser Leben geschafft haben?

Meine persönliche Meinung dazu ist klar und eindeutig: Nein, das müssen wir definitiv nicht!

Es gibt keinen vernünftigen Grund, unsere kostbare Lebenszeit mit Menschen zu verschwenden, an denen uns nichts mehr liegt oder – noch schlimmer – noch nie etwas lag. Und es gibt auch kein Gesetz dafür, welches das verlangt. Das mag auf den ersten Blick egoistisch und herzlos klingen, aber auf den zweiten Blick erkennen wir, dass es ehrlich ist. Es ist besser für uns selbst, uns von Menschen zu trennen, die uns nicht guttun. Und es ist auch fairer den Menschen gegenüber, sie davon in Kenntnis zu setzen, dass wir uns nicht mehr mit ihnen treffen wollen. Damit ermöglichen wir auch ihnen, sich neu zu orientieren und ihre Zeit nicht sinnlos an uns verschwenden.

Hier hast du wieder die Gelegenheit für Notizen. Du kannst spontan Personen auflisten, die zu deinem derzeitigen Leben gehören. Ob diese dich positiv oder negativ stimmen, spielt zu diesem Zeitpunkt noch keine Rolle. Es geht vielmehr darum, dass du dir einen Überblick verschaffen kannst, mit wie vielen Personen du derzeit in einem persönlich relevanten Kontakt stehst. Mit der danach folgenden Übung 10 kannst du dann herausfinden, von wem du dich gerne trennen möchtest.

....

....

....

....

....
....
....
....
....
....
....

Ich gebe es ganz offen zu: Der Schritt, sich von Menschen zu verabschieden, ist um einiges schwieriger und heikler, als sich von Dingen zu trennen. Und es kostet uns in den meisten Fällen auch wesentlich mehr Überwindung. Aber wie würde denn die Alternative aussehen? Dass wir alles so lassen, wie es ist, und damit dann unzufrieden oder unglücklich sind? Wenn wir diese Aspekte einmal genauer unter die Lupe nehmen, ist das keine wirklich gute Option, und sie ist auch nur scheinbar bequemer. Denn wenn du dich mit jemandem immer wieder treffen oder unterhalten musst, an dem dir einfach nichts mehr liegt, dann ist das wahrlich kein Vergnügen. Stimmst du mir in diesem Punkt zu?

Du musst vor diesen Schritten keine Angst haben. Es wird dir auch dies gelingen, denn du hast ja nun schon etwas Übung. Hinterher wirst du feststellen, dass es gar nicht so schwer war. Und du kannst feststellen, dass es noch befreiender sein kann, als sich von unnützen Gegenständen zu trennen. Du handelst hier in deinem ganz eigenen Interesse damit es *dir* gut geht.

Bist du für den nächsten großen Schritt bereit? Dann los! Du kannst hier ruhig auch schon einmal stolz auf dich sein, denn du bist bereits um einiges mutiger geworden.

Nun geht es also ans Eingemachte. Sieh dir die Menschen in deinem persönlichen Umfeld einmal etwas genauer an, als du das sonst für gewöhnlich tun würdest. Wer von diesen Personen passt denn überhaupt noch zu dir? Wen magst du wirklich noch richtig gern? Kannst du hier schon erkennen, wer gehen muss und wer bleiben darf?

Um dir diesen Schritt ein bisschen leichter zu machen, habe ich wieder eine Übung für dich vorbereitet.

Übung 10

LEBE IN ZUKUNFT MÖGLICHST MIT MENSCHEN, DIE DIR GUTTUN

Nimm dir bitte Zeit, Papier und Stift und ziehe dich an einen Ort zurück, an dem du nicht gestört werden kannst.

Wenn du dich erinnerst, am Anfang von Phase 4 hatte ich dir Raum eingerichtet, um die Namen von Menschen, die in deinem Leben eine Rolle spielen, zu notieren. Auf diese Notizen kannst du nun wieder zurückgreifen. Nimm dir eine Person nach der anderen vor. Bei manchen Personen weißt du auf Anhieb ganz genau, wie du zu ihnen stehst. Bei anderen jedoch können dir die unten aufgeführten Fragen Anregungen zur Klärung geben.

Nun mach es dir ganz bequem, atmen einige Male tief ein und aus und beginne dann damit, eine Begegnung mit dieser Person, von der du noch nicht so ganz weißt, wie du sie einordnen sollst, zu visualisieren. Stell dir dabei ganz exakt vor, wie du mit dieser Person sprichst. Im nächsten Schritt erspürst du bitte ganz genau, wie du dich dabei fühlst. Erlaube deinem Bauchgefühl, sich ehrlich dazu zu äußern. Dein Bauchgefühl ist eine sehr sichere Instanz, wenn es darum geht, herauszufinden, was dir schadet und was nicht. Meine Erfahrung ist, dass es nicht lügt, wenn es um solche Entscheidungen geht. Wenn sich jetzt alles in dir sperrt und du keine Lust dazu verspürst, dich mit dieser Person auf deiner Liste in welcher Form auch immer auseinanderzusetzen, dann ist es Zeit für ein „Adios"!

Wie und ob du die Person aus deinem Leben nehmen kannst, entscheidest du dann später. Jetzt ist es erst einmal wichtig, dass du die Spreu vom Weizen zu trennen lernst.

○ Was gibt mir dieser Mensch?

....
....
....
....
....
....

○ Wodurch zeichnet dieser Mensch sich aus?

....
....
....
....
....
....

○ Belastet dieser Mensch mein Leben,
  wenn ja, wodurch?

....
....
....
....
....
....

○ Bereichert dieser Mensch mein Leben,
  wenn ja, womit?

....
....
....
....
....
....

○ Brauche ich diesen Menschen in meinem Leben,
  wenn ja, warum?

....
....
....
....
....

○ Will ich diesen Menschen in meinem Leben,
  wenn ja, warum?

....
....
....
....
....
....

○ Schenkt mir dieser Mensch Lebensfreude,
  wenn ja, wodurch?

....
....
....
....
....
....

○ Raubt mir dieser Mensch Energie und Lebensfreude, wenn ja, womit?

....
....
....
....
....
....

○ Erkenne ich, dass dieser Mensch mich nur ausnützt, wenn ja, woran?

....
....
....
....
....
....

Selbstverständlich kannst du diese Frageliste ganz beliebig für deine eigenen Bedürfnisse ergänzen oder verändern.

Diese Methode wird dir unter Umständen aufzeigen, dass du eine ganze Menge mehr Menschen in deinem Leben hast, die dir nicht guttun, als erwartet. Und um genau diese Menschen geht es hier.

Du versuchst an diesem Punkt, herauszufinden, wer dein Leben bereichert. Und genau aus diesem Grund ist es auch deine Entscheidung, wer darin eine Rolle spielen soll und wer nicht. Lass es uns mit einem Film vergleichen, der sich um dein Leben dreht:

○ Du ganz allein bist der Regisseur deines Lebens.
○ Du allein entscheidest über die Besetzungen in deinem Leben.
○ Du allein entscheidest darüber, mit wem du dich wohlfühlst.
○ Du entscheidest, wer die Hauptrollen und die Nebenrollen in deinem Leben bekommt.
○ Du entscheidest, wer nach dem Casting gehen muss, weil er für eine Rolle im Film deines Lebens nicht geeignet ist.

Sei mutig und forsch. Vertraue in dich und deine Fähigkeiten!
Wie heißt es beim Film so schön? Und Action!

Wenn du eine oder sogar mehrere Personen ausfindig gemacht hast, die du nicht mehr in deinem Leben haben möchtest, dann hast du schon wieder einen sehr großen Sprung in Richtung stärkeres Selbstwertgefühl gemacht. Das ist dein Verdienst und dein ganz persönlicher Gewinn in Sachen Eigenverantwortung. Durch dein beherztes Handeln, auch wenn es dir vielleicht nicht ganz leichtfällt, wirst du wieder mehr Kapazitäten für Menschen oder Tätigkeiten haben, die dir wirklich etwas bedeuten und dein Leben bereichern.

Die Übung kann auch noch einen sehr schönen Nebeneffekt erzielen: Du lernst Menschen, die immer für dich da sind, wieder mehr wertzuschätzen. Denn es passiert gar nicht so selten, dass wir ausgerechnet die Personen, die uns ständig helfen, bereichern und beistehen, als selbstverständlich wahrnehmen. Das machen wir nicht böswillig. Sie gehen nur oft unter, weil sie meist sehr viel pflegeleichter im Umgang sind und uns nicht wie unsere Energievampire zu viel Kraft entziehen.

Dabei wäre es viel sinnvoller und auch gerechter, gerade den angenehmen Menschen in unserem Leben mehr Zuwendung zukommen zu lassen und ihnen zu sagen, wie wichtig und bereichernd sie für uns sind. Das Loben geht uns im hektischen Alltag manchmal unabsichtlich verloren. Wir Schwaben haben dafür einen Ausspruch, der da heißt: *„Nedd gschimpft isch globt gnug."* Übersetzung für alle Nichtschwaben: „Nicht geschimpft ist genug gelobt."

Das ist ein Motto, nach dem wir allerdings nicht leben sollten. Die meisten Menschen schätzen die Wertschätzung. Und dementsprechend sollten wir uns auch verhalten. Durch ein echtes Zeichen der Wertschätzung oder ein ehrliches Kompliment kann man bei anderen Menschen sehr viel Freude erzeugen, die uns nichts kostet. In den meisten Fällen wird uns dafür mit einem Lächeln oder sogar einer Umarmung gedankt. Dann schließt sich der Kreis, weil Freude und Dankbarkeit wieder zu uns zurückkommen, und das wiederum macht uns selbst glücklich. Was für ein schönes Geschenk an andere und an uns selbst.

Wie trennst du dich aber von Menschen, die du nicht mehr in deinem Leben haben willst?

Die Methode, die ich dir hier erläutern werde, hat sich bei mir und einigen meiner Klientinnen sehr bewährt und kann auch dir gute Dienste erweisen:

Du kannst zunächst ganz einfach damit beginnen, mit der Person, mit der du künftig nicht mehr verkehren möchtest, keine neuen Treffen mehr zu vereinbaren. Sage zunächst einfach, dass du keine Zeit hast. Versuche, auch wenn es dir schwerfällt, dies ohne Erklärungen und ohne schlechtes Gewissen zu tun. Das darfst du und das musst du sogar. Denn wenn du mit Erklärungen oder Ausreden beginnst, kann es dazu führen, dass diese Person dich doch wieder zu einem Treffen überredet. Gerade zu Beginn solcher Lebensumstrukturierungen fehlt uns noch die Erfahrung und vielleicht die nötige Durchsetzungskraft, um unser Vorhaben durchzuziehen. Das Selbstwertgefühl ist zu diesem Zeitpunkt zwar schon auf gutem Weg, stabiler zu werden, aber noch nicht stabil genug.

Wenn du so eine Absage zum ersten Mal umsetzt, ist es somit sehr wahrscheinlich, dass du dich unbehaglich fühlen wirst. Das war bei mir auch nicht anders und ist ganz normal. Solltest du an der Richtigkeit deines Handelns zweifeln, halte dir bitte wieder ganz deutlich vor Augen: Es ist *deine* Lebenszeit, von der wir hier sprechen! Es geht um *deine* Lebensqualität! Dies ist fast immer eine sehr gute Motivationshilfe. Wenn du dich überwinden konntest und das hinbekommen hast, wirst du meist schon sehr bald die erste Erleichterung spüren. Du wirst selbst spüren, wie befreiend es ist, sich nicht mehr mit jemandem herumquälen zu müssen, den du nicht mehr um dich haben möchtest.

 Eigenlob ist dir vielleicht ein bisschen fremd, aber du hast es hier auf alle Fälle verdient. Deshalb stelle dich nach einem Erfolg unbedingt vor den Spiegel und sage dir zum Beispiel: „Ich bin so stolz auf dich, das hast du sehr gut hinbekommen." Dann lächle dir stolz zu, so wie du es bei einer anderen Person machen würdest. Du wirst dich wundern, wie schön das sein kann. Ich mache das selbst sehr regelmäßig, einfach, weil es mir mittlerweile Freude bereitet und guttut.

Trenne dich am besten zuerst von der Person, die dir am wenigsten liegt oder die dich am meisten nervt. Da sollte es dir nicht so schwerfallen.

Bei Menschen, mit denen ich sehr lange in Kontakt gestanden habe, jedoch bemerkte, dass die Beziehung für mich heute nicht mehr stimmig ist, habe ich es aus Respekt so gehandhabt, dass ich ihnen einen Brief geschrieben habe. Da ich sehr gerne schreibe, war das für mich persönlich immer eine sehr gute Lösung. Sollte dir das Schreiben nicht so liegen, kannst du stattdessen auch eine Sprachnachricht senden. Mache dir zuvor darüber ein paar Gedanken, was du der Person zum Abschied sagen möchtest. Oder du machst das in einem persönlichen Gespräch, was aber einiges mehr an Mut erfordert.

Ich habe mich im Brief für die gemeinsame Zeit bedankt und dann erklärt, warum ich mich zurückziehe, allerdings nur bei Menschen, die das aus meiner Sicht auch verdient hatten. Die anderen habe ich einfach nicht mehr angerufen und aus meinen Telefonkontakten gelöscht. Zugegeben, das ist nicht die eleganteste Lösung. Aber sie funktioniert. Vor allem funktioniert sie bei Leuten, die sich auch bei uns so gut wie nie melden.

Auch du wirst mit der Zeit herausfinden, welcher Weg zur Trennung für dich am stimmigsten ist. Als ich selbst damit begann, hatte ich noch ein sehr schlechtes Gewissen und der Schritt fiel mir nicht leicht, aber mit der Zeit habe ich mich daran gewöhnt.

Hierzu habe ich ein sehr passendes Zitat gefunden:

„GEWISSENSBISSE SIND WIE DIE BISSE EINES HUNDES GEGEN EINEN STEIN – EINE DUMMHEIT."
Friedrich Nietzsche (1844–1900), deutscher Philosoph

Wir alle haben nun einmal nicht unbegrenzt Lebenszeit zur Verfügung. Morgen kann für jeden von uns schon alles vorbei sein. Und genau deshalb halte ich es für sehr wichtig, diese Lebenszeit mit Menschen zu verbringen, die uns wirklich etwas bedeuten.

Mir waren wenige gute Freunde immer wichtiger als ein großer „Freundeskreis", der zwar etwas hermacht, oft aber nur oberflächlich ist.

Selbstverständlich habe ich auch noch einen erweiterten Bekanntenkreis, aber auch hier achte ich mittlerweile sehr genau darauf, dass er aus Menschen besteht, die mir wirklich sympathisch sind.

Ich bin mittlerweile auch dazu übergegangen, mich nicht mehr mit Leuten zu treffen, die zwar meinem Partner sehr wichtig sind, aber keine wichtige Rolle in meinem Leben spielen. Dazu habe ich zugegebenermaßen sehr lange gebraucht, denn ich wollte ihn nicht verletzen.

Es hat sich aber für uns beide herausgestellt, dass es unserer Beziehung sehr guttut, wenn wir gegenseitig offen ansprechen, wer uns im Bekannten- und Freundeskreis des anderen liegt und wer nicht. Denn selbstverständlich kann auch mein Partner nicht mit allen Menschen etwas anfangen, die mir sehr wichtig sind. Wir sind dann übereingekommen, dass wir uns mit diesen Freunden und Bekannten allein treffen. Für uns brachte das sehr viel Entspannung in unseren Alltag und die Beziehung.

Das Leben macht so viel mehr Freude, wenn man sich nicht mehr mit Leuten abgeben muss, die man nicht mag, mit denen man nichts anfangen kann oder die einfach nicht mehr zu uns passen. Du wirst das mit ziemlicher Sicherheit auch spüren.

Wenn wir das im Freundes- und Bekanntenkreis mit Bravour geschafft haben, dann kommen wir zur nächsten Herausforderung.

Du fühlst dich gerade etwas erschöpft?

Tipp Falls du an dieser Stelle zunächst eine Pause einlegen möchtest, so ist das völlig in Ordnung. Du kannst auch erst einmal stolz auf das bereits Erreichte sein und dich für einige Zeit entspannt zurücklehnen. Du erinnerst dich? Alles geschieht in deinem eigenen Tempo!

Mit der neuen Aufgabe begeben wir uns auf ein ganz rutschiges Parkett.

Wir stellen uns nun einer Herausforderung, die ihresgleichen sucht.

Sie lautet: Wie geht man mit der manchmal leider unliebsamen Verwandtschaft um?

In diesem ganz besonderen Kreis von Menschen benötigen wir meist sehr viel Takt und Fingerspitzengefühl.

Diese Personen können wir oftmals leider nicht ganz aus seinem Leben streichen – jedenfalls nicht, ohne eventuell einen großen Flurschaden anzurichten. Das musst du aber individuell für dich entscheiden.

Aber was kann man tun, wenn man sich dazu entschließt, in der Familie keinen Schlussstrich zu ziehen? Wie kann man es dann schaffen, selbst nicht unterzugehen?

Hier halte ich es so, dass ich Verwandtschaftstreffen, bei denen ich mich nicht wirklich wohlfühle, auf ein absolutes Minimum reduziere. Und sollte sich ein Treffen nicht vermeiden lassen, dann hilft in den meisten Fällen wirklich nur: Augen zu und durch. Dann kannst du versuchen, es so einzurichten, dass du deine Aufmerksamkeit auf die Personen ausrichtest, mit denen du dich am besten verstehst. Wenn es dir gelingt, in so ein Treffen hineinzugehen und das Beste daraus zu machen, wirst du dich erfahrungsgemäß nicht mehr ganz so unwohl fühlen.

Seit ich diese Technik anwende, geht es mir emotional deutlich besser. Mein erworbenes Selbstwertgefühl stützt mich dabei. Meine Klientinnen und Freundinnen konnten mir diesbezüglich auch Positives berichten.

Solltest du aber eine wirklich unausstehliche Person in deiner Verwandtschaft haben, die immer ganz gezielt auf dich losgeht, so musst du ihr Einhalt gebieten. So einen Menschen musst du auf alle Fälle in seine Schranken weisen, wenn es dir zu bunt wird. Gerade innerhalb der Familie ist es sehr wichtig, sich Respekt zu verschaffen. Du musst dich vielleicht aus familiärer Verpflichtung mit dieser Person abgeben, aber du musst dir ganz bestimmt nicht alles von ihr bieten lassen.

Ich musste mich in meiner Vergangenheit auch mit so einem Exemplar herumärgern. Heute würde ich konkret meine Meinung äußern und die Grenzen aufzeigen, die mein Gegenüber nicht zu überschreiten hat. Ein weitläufiger Freund aus meinem Bekanntenkreis hatte dafür genau den richtigen Satz. Er sagte den Personen, die er nicht mochte, ins Gesicht: „Für Leute wie dich habe ich gar keine Zeit." Und damit war das Thema für ihn erledigt. Er hatte damit keinerlei Probleme und dafür hatte ich ihn damals sehr bewundert.

Seinerzeit war mein Selbstwertgefühl jedoch noch nicht so ausgeprägt und ich war entsprechend weniger mutig. Ich hätte mir allerdings viel Kummer und Ärger ersparen können, wenn ich nach diesem Motto gelebt und gehandelt hätte. Dass mir das damals nicht gelang, ist ein bisschen schade, aber es macht nichts. Ich bin nur froh darüber, dass ich wenigstens heute dazu in der Lage bin, diese Erkenntnis umzusetzen und andere Menschen weiterzugeben.

Wenn ich heute mitbekomme, dass sich jemand so untergeordnet verhält wie ich vor vielen Jahren, dann schmerzt mich das sehr. Niemand hat es verdient, von anderen nicht gut und wertschätzend behandelt zu werden. Und deshalb unterstütze ich andere auch sehr gerne darin, dass sich das bei Bedarf ändert.

Denn mal ganz ehrlich: Wovor fürchten wir uns denn so sehr? Dass man uns nicht mehr mag? Kann schon sein, aber ein Mensch, der sich uns gegenüber nicht anständig verhält, mag uns sowieso nicht. Sonst würde er sich nicht so benehmen. Was hast du denn zu verlieren, wenn du jemandem, der dich nicht an-

gemessen behandelt, die Meinung sagst? Gar nichts!
Aber du behältst auf diese Weise deine Selbstachtung.
Und das ist doch wirklich einer der besten Gründe,
aktiv zu werden.

Ich möchte dir wieder ein schönes Zitat mit auf den
Weg geben, das mich sehr gestärkt hat und auch dir
vielleicht eine gute Stütze sein kann:

„WER MICH VERLETZT, BESTIMME ICH SELBST!"
Winston Churchill (1874–1965), britischer Premierminister

Sehr kluger Mann! Stimmst du mir zu? Dann auf in
die nächste Phase.

Diese Phase war mit Sicherheit die herausforderndste für dich, denn du bist jetzt aktiv ins Handeln gekommen.

FAZIT AUS PHASE 5

Du weißt nun sehr gut, wer zu dir passt und wer dir guttut!

Und du hast gelernt, wie du mit unliebsamen Personen besser umgehst.

Du hast neue Methoden ausprobiert und vielleicht schon verinnerlicht, durch die du immer mehr deine eigenen Interessen in den Vordergrund stellen kannst.

Und du kannst bereits sehr gute Ergebnisse vorweisen, was die Stärkung deines Selbstwertgefühls betrifft.

Herzlichen Glückwunsch! Diesmal bist du sogar einen riesengroßen Schritt vorangekommen!

Phase 6

MEHR SELBSTBESTIMMUNG IM JOB

„WISSEN IST MACHT!"
Geflügeltes Wort

In dieser Phase begeben wir uns noch auf ein Gebiet, das an Tretminen kaum zu überbieten ist: den Arbeitsplatz!

Ich beleuchte den Aspekt Job und Selbstwertgefühl genauer, da er mir enorm wichtig erscheint. Denn wir alle verbringen einen nicht unerheblichen Teil unseres Lebens am Arbeitsplatz. Und so ist es nur logisch und konsequent, dass wir nicht ausgerechnet bei diesem wichtigen Thema Angst vor unseren eigenen Courage bekommen. Gerade am Arbeitsplatz sollten wir nicht wieder in unsere alten Verhaltensmuster zurückfallen. Wir sind jetzt keine Opfer mehr und dementsprechend sollten wir uns auch verhalten. Besonders im Job gilt es, sich selbstbewusst und stark zu präsentieren, wenn wir Respekt und Wertschätzung erhalten möchten.

Vielleicht jagt dir das Thema Arbeitsplatz einen eiskalten Schauer über den Rücken und du denkst: „Darauf habe ich aber wirklich überhaupt keine Lust, denn hier kann ich mir ja schon mal gleich gar nichts erlauben."

So dachte ich auch einmal, stellte jedoch nach und nach fest, dass dies nur bedingt der Realität entsprach. Auch am Arbeitsplatz hast du durchaus die Möglichkeit, dich zur Wehr zu setzen und Veränderungen herbeizuführen, wenn dir dies nötig erscheint.

Dafür gilt aber das absolut oberste Gebot, das ich dir ganz ausdrücklich ans Herz legen möchte:

 **Mach dich, bevor du dich an deinem Arbeitsplatz zur Wehr setzt, immer zuerst schlau!**

Es gibt in beinahe jeder Firma Richtlinien und Gesetze, die dich schützen. *Aber* – du musst sie kennen, *bevor* du aktiv wirst.

Des Weiteren sind folgende Punkte sehr wichtig, wenn es darum geht, dich gut zu positionieren:

○ Glaub bitte nicht alles, was man dir erzählt!
○ Hinterfrage die Dinge, die dir nicht passen oder komisch vorkommen!
○ Erarbeite dir gute Netzwerke mit Leuten, auf die du auch fachlich zählen kannst!
○ Suche dir Verbündete, denen du vertraust!
○ Glaube nicht, du müsstest immer alles selbst wissen. Du musst lediglich herausfinden, wer es weiß. Du solltest Leute um dich haben, die dir gegebenenfalls Informationen beschaffen und dir weiterhelfen können!

Wenn du diese Ratschläge beherzigst und umsetzt, dann wirst du dich am Arbeitsplatz künftig mit ziemlich großer Wahrscheinlichkeit um einiges besser und entspannter fühlen.

Ich selbst habe beinahe fast mein ganzes Berufsleben so verbracht, dass ich strikt den Anweisungen gefolgt bin, die man mir vorgegeben hat. Denn ich dachte, dass der Vorgesetzte erstens die Macht und zweitens immer recht hat – bis ich im Laufe der Zeit damit begonnen habe, Anweisungen zu hinterfragen und zu durchleuchten. Und hierbei bin ich auf meine bis dahin größte Unzulänglichkeit gestoßen: Ich hatte in

meinem beruflichen Leben viele Dinge einfach unre-
flektiert akzeptiert. Ich nahm sie fast immer genauso
hin, wie man mir sie präsentierte.

Durch mein eigenes unbedarftes Verhalten habe ich
mich wieder einmal selbst zu einem prima „Opfer"
degradiert. Wäre ich mir selbst gegenüber unchar-
mant, dann würde ich es so formulieren: Ich war der
Depp vom Dienst.

Zwischenzeitlich hat sich das zum Glück geändert;
heute sowieso, denn ich bin ja meine eigene Chefin.
Aber Scherz beiseite, ich habe im Laufe der Zeit immer mehr meine Potenziale und meinen Wert erkannt.
Das hat mich Jahre meines Lebens gekostet. Doch
letztendlich habe ich es geschafft! Vor kurzem erst bekam ich diesbezüglich ein schönes Kompliment auf
Instagram: „Liebe Diana, ich bewundere deine Ruhe
und die Stärke, die du ausstrahlst."

Wenn du nun denkst, das hättest du auch gerne, dann
lass dir von mir zuversichtlich in Aussicht stellen: Das
kannst du genauso erreichen wie ich.

Sicher, es war für mich ein langer und manchmal auch
beschwerlicher Weg bis dahin. Aber unterm Strich
kann ich sagen, es war jede Mühe wert. Ich habe mir
auf vielen arbeitsrechtlichen Gebieten Kenntnisse
verschafft, um mit der Zeit immer besser aufgestellt
zu sein. Auch heute in meiner Selbständigkeit ist es
für mich unerlässlich, alle Anforderungen, die an
mich gestellt werden, zu durchleuchten. Es kommt
auch heute noch vor, dass mir gegenüber jemand eine

Aussage trifft, die sich für mich nach intensiver Nachforschung als nicht korrekt erweist. Gerade auch im manchmal undurchsichtigen Behördendschungel ist es empfehlenswert, die Zeit zu investieren, um Sachverhalte genau unter die Lupe zu nehmen. Du wirst überrascht sein, wie oft sich Dinge in deinem Sinne regeln lassen.

Ich bin sehr froh darüber, diesen nicht immer einfachen Weg zu mehr Selbstbestimmung und zu mehr Selbstwertgefühl gegangen zu sein, denn es hat mich sehr bereichert. Und was mir am meisten Freude bereitet, ist, dass ich meine Erfahrungen nun mit dir und vielen anderen Menschen teilen darf. Einer dieser Menschen ist mein Sohn, mit dem ich immer in regem Austausch stehe. Er sagte vor geraumer Zeit zu mir: „Mama, ich bin so froh, dass ich das alles so früh von dir erfahren durfte, das hilft mir, wenn ich nach dem Studium zu arbeiten beginne. Dann bin ich gut darauf vorbereitet, worauf ich achten muss!"

Ich wünschte, ich selbst hätte das in jungen Jahren auch schon gewusst. Aber ich bin glücklich, dass ich meinem Sohn und vielleicht auch dir helfen kann. Durch meine eigenen Fehler und Unzulänglichkeiten habe ich all diese Erfahrungen gemacht und hoffe, sie durch dieses Buch vielen Menschen ersparen zu können. Ich hoffe inständig, dass es sich gerade junge Menschen zu Nutzen machen, von den Erfahrungen der Älteren zu profitieren. Nicht im Sinne von „Tu dies nicht und lass jenes", sondern von „Hinterfrage immer alles und jeden".

Prüfe, bevor du Entscheidungen triffst. Überlege und wäge ab. Das Leben kann so viel reibungsloser laufen, wenn man weiß, woran man ist, und dann adäquat handeln kann.

Wenn es nach mir ginge, gäbe es in Schulen ein Pflichtfach zum Thema „Stärke dein Selbstvertrauen und dein Selbstwertgefühl". Wie ich in meinen Coaching-Sitzungen immer wieder erlebe, fehlt es vielen jungen Menschen immer noch daran. Das finde ich so schade, denn sie haben noch das ganze Leben vor sich. Sie könnten es so gut und in ihrem Sinn gestalten, wenn sie genügend Vertrauen in sich selbst hätten.

Damit du Unzulänglichkeiten im Berufsalltag erkennen und Veränderungen herbeiführen kannst, ist es auch wieder sinnvoll, mit einer Liste zu arbeiten. Das hilft dir nicht unerheblich dabei, dich selbst zu sortieren und dir mit einem gewissen Abstand einen Überblick zu verschaffen.

Übung 11

REFLEXION DER EIGENEN ARBEITSSITUATION

Bitte mache dir zu den folgenden Fragen Notizen. Schreibe alles auf, was dir dazu spontan einfällt. Sei ganz offen und ehrlich und verfalle dabei nicht in Selbstdisziplinierung, indem du sofort mit einem Aber gedanklich dagegen argumentierst.

○ Was missfällt *mir* an meiner Arbeit?

....

....

....

....

....

....

○ Was müsste von *meinem* Standpunkt aus
  verändert werden?

....

....

....

....

....

....

○ Kann *ich* aktiv Veränderungen herbeiführen?

....

....

....

....

....

....

o Was sind *meine* Stärken, was *meine* Schwächen?

....
....
....
....
....
....

o Was sind *meine* ungenutzten Potenziale?

....
....
....
....
....
....

o Gibt es Berufe, die *mir* besser liegen würden, und kann
  ich noch wechseln?

....
....
....
....
....
....

○ Wäre *ich* bereit für einen Neustart und wenn ja, für welchen?

....
....
....
....
....
....

○ Bin *ich* glücklich, mit dem, was *ich* mache? Wenn nicht, was müsste anders sein?

....
....
....
....
....
....

Du kannst diese Liste wieder beliebig nach deinen eigenen Bedürfnissen ergänzen oder verändern.

Hinweis zu deinem eigenen Schutz:

Bitte geh mit diesen Notizen und Erkenntnissen sehr sorgsam um! Sie sollen dir im ersten Schritt einen Überblick über deine ganz persönliche Situation verschaffen. Sprich in deinem eigenen Interesse auch nur mit Menschen, die dein volles Vertrauen genießen, über geplante Veränderungen – mit Personen, von denen du ganz genau weißt, dass sie dir gegenüber immer loyal sind, und dich nie hintergehen würden. Auch wenn du euphorisch bist, neue Wege zu gehen, überlege dir immer ganz genau, wen du ins Vertrauen ziehst und wann du dies tust. Sonst kann es zu unliebsamen Überraschungen für dich kommen. Handle selbstbestimmt und wäge jeden Schritt gut ab! Überlege dir vorab ganz genau, welche Konsequenzen dein Handeln nach sich ziehen könnte und ob du damit leben willst und kannst.

Vielleicht hat dich dieser Hinweis erschreckt und du glaubst, es sei zu gefährlich, berufliche Veränderungen vorzunehmen. Das ist es aber nicht. Ich habe nur schon die Erfahrung gemacht, dass man zu schnell zu viel möchte und sich damit unter Umständen keinen Gefallen tut.

Daher die wohlgemeinte Warnung:

 **Erst, wenn du dir ganz sicher bist, dass eine berufliche Veränderung für dich unabdingbar geworden ist, und erst, wenn die Umsetzungsstrategie für dich stimmig ist, nimmst du die Veränderung vor!**

Wenn du erst einmal damit begonnen hast, in deinem Sinne Veränderungen vorzunehmen, so kommst du ganz automatisch in die nächste und letzte Phase.

Fazit

FAZIT AUS PHASE 6

Du weißt nun auch noch, was du beruflich nicht mehr möchtest.

Du legst dir einen eventuell nochmals erweiterten Plan zu Veränderungen in deinem Leben zurecht.

Du weißt jetzt, auf welche Fallstricke du im Job achten musst.

Und du hast herausgefiltert, wer dir im Berufsleben immer loyal zur Seite steht.

Jetzt nur noch ein bisschen durchhalten,
du bist schon fast am Ziel!

Phase 7

DER MÜHEN LOHN

„DU HAST BEI ALLEN DINGEN DES LEBENS IMMER DIE WAHL:
WACHSE ICH ODER ZERBRECHE ICH DARAN? BEFREIE ICH MICH
ODER LASSE ICH MICH EINSPERREN?"
Wolfgang Joop (*1944), deutscher Modedesigner

Im Laufe meines Lebens habe ich sehr viele Biografien von berühmten Menschen gelesen. Nicht aus Sensationsgier, sondern weil ich davon fasziniert bin, was sie aus eigener Kraft in der Lage waren zu schaffen, weil mich ihre teils schweren Wege berühren und weil sie Hoffnung geben, das eigene Leben auch gestalten zu können.

Viele große und berühmte Menschen, die in der Öffentlichkeit stehen, mussten unheimlich viel ertragen und immer wieder von Neuem beginnen. Und dabei steckt in jedem von ihnen das Gleiche wie in uns: ein verletzbarer Mensch auf der Suche nach seinem Platz in der Gesellschaft. Den einen drängt es vielleicht ins Rampenlicht, den anderen eher nicht, aber die meisten von uns wünschen sich Anerkennung, Liebe und Respekt von anderen.

Aber nun zurück zum wichtigsten Menschen in diesem Buch: zu dir! In der letzten Phase befindest du dich nun im Endspurt oder schon am Ziel.

Dein Selbstwertgefühl ist jetzt entweder genauso groß, wie du es dir immer gewünscht hast, oder du brauchst aus persönlichen Gründen noch etwas Zeit.

Beides ist völlig in Ordnung! Wir haben ja gelernt, dass es auf dem Weg zu mehr Selbstwertgefühl nur um unser ureigensten Bedürfnisse geht. Daher lässt sich auch der Zeitraum, in dem dies zu geschehen hat, nicht eindeutig festlegen.

Wichtig ist, dass du nun sehr viel über dich selbst erkannt hast.

Du konntest, während du mit dem Buch gearbeitet hast, entdecken, was du für dich persönlich willst, und vor allem – und das erscheint mir nicht minder wichtig – ist es dir gelungen, herauszufinden, was du *nicht* mehr willst.

Du hast es durch die Stärkung deines Selbstwertgefühls geschafft, herauszufiltern, wer dein Leben bereichert und wer es nur noch belastet.

Du bist nun einen vielleicht schon sehr langen Weg gegangen und du hast dabei alle Höhen und Tiefen erlebt. Aber mit Hilfe deiner Erkenntnisse und gelernten Strategien ist es ist dir im Laufe der Zeit immer besser gelungen, Steine auf deinem Weg zu umgehen.

Du konntest deine ganz persönlichen Erfahrungen machen und vielleicht hast du schon das eine oder andere mit Bravour umsetzen können. Wenn du das Buch gelesen und die Übungen durchgeführt hast, sollte sich dein Leben weitestgehend in die Richtung entwickelt haben, wie du es dir immer gewünscht hast.

Wenn das noch nicht ganz der Fall sein sollte, so lass dir bitte sagen, dass du nichts falsch gemacht hast. Vielleicht befindest du dich trotz deiner Bemühungen noch in der Phase, in der sich dir erst langsam, aber sicher alles erschließt und du erkennst, in welchen Situationen du handeln kannst und willst. Dann bleib einfach weiter dran und verlier nie die Zuversicht, dass du alles hinbekommst, was du dir vornimmst.

Aber egal, wie weit du bis hierhin gekommen bist, du hast schon viel erreicht. Und du wirst noch viel mehr erreichen, als du dir je hättest träumen lassen.

Das Leben ist einem stetigen Wandel unterworfen und wir sind darin eingebunden. Aus diesem Grund sind wir auch nie wirklich fertig mit unserer Entwicklung. Das durften wir gerade jetzt, da uns eine für uns nie gekannte Pandemie ereilt hat, erfahren. Viele von uns mussten sich ganz neu aufstellen, mussten umdenken und kreativ werden. Auch ich bin davon nicht verschont geblieben, aber eines habe ich so gut wie nie verloren: meine Zuversicht, dass wieder etwas Neues entsteht, das mir weiterhilft, mein Leben so zu gestalten, wie ich es möchte. Und auch du solltest nie deine Zuversicht und deine Träume verlieren, denn sie sind es, die dich tragen.

Egal, in welchem Stadium du dich gerade befinden magst, ich wünsche dir von ganzem Herzen, dass auch du deinen Weg zu einem selbstbestimmten und glücklichen Leben findest.

Ich wünsche dir, dass du alles genau so arrangieren kannst, wie du es dir vorgestellt hast. Dabei sollte noch genügend Raum für Neues bleiben, aber auch ausreichend Substanz, um schon heute glücklich zu sein.

Mir selbst ist es mittlerweile weitestgehend gelungen, ein erfülltes Leben zu führen. Und an den Vorhaben, die mir noch nicht geglückt sind, arbeite ich einfach zuversichtlich weiter. Dabei hilft mir der erworbene positive Blick auf die Dinge ganz enorm.

Das Leben ist und bleibt Veränderung, und damit gehen auch immer wieder Niederlagen einher. Aber mit einem gesunden und stabilen Selbstwertgefühl werden sie uns nicht mehr so sehr aus der Bahn werfen können wie früher.

Wenn es dir gelungen ist, dein eigenes Selbstwertgefühl zu festigen, dann kann dir das niemand wieder nehmen. Es gehört für immer dir. Dazu darfst du dir sehr gerne gratulieren. Vielleicht lädst du auch ein Paar Freunde ein und feierst das gebührend. Denn ein neues Selbstwertgefühl fühlt sich fast schon wie ein neues Leben an – energetisch und schön.

Zum Abschluss unserer gemeinsamen Reise noch ein kleiner Einblick in mein heutiges, meist schönes und buntes Leben:

Ich arbeite freiberuflich als Entspannungscoach sowohl in meiner Praxis als auch in Firmen und bin sehr glücklich damit. Außerdem bin ich Autorin und erfüllte mir damit einen langgehegten Wunsch. Davor musste ich immer etwas neidisch auf die Menschen schielen, die in Berufen arbeiten, die sie glücklich machen und erfüllen. Aber es ist mir tatsächlich, wenn auch etwas später im Leben, gelungen, meine mir ureigenste Berufung zu finden. Dies geschah allerdings eher aus gesundheitlichen Problemen heraus denn durch die beharrliche Suche meinerseits. So etwas nennt man dann Glück im Unglück.

In den Vorstellungsrunden meiner Seminare erkläre ich das sehr gerne folgendermaßen:

„Ich bin Entspannungscoach aus **Leiden***schaft*. Aus dem **Leiden** heraus habe ich es *geschafft*!"

Die Zeit, in der es mir sowohl körperlich als auch seelisch und geistig nicht gut ging, hat mich letztendlich gestärkt. Ich konnte erkennen, dass alles, was sich in unserem Körper abspielt, immer einer Ursache und Wirkung unterliegt. Ich verstand, dass sich negative Gedanken und Gefühle unweigerlich in meiner körperlichen Gesundheit ausdrücken. Und diese Erkenntnis hat mich darin bestärkt, endlich an mich und meine Fähigkeiten zu glauben. Sie hat mir geholfen, mich aufzumachen und dafür zu sorgen, dass mein Selbstwertgefühl wachsen kann und meine Gesundheit sich verbessert.

Meine Freunde hatten das schon sehr lange vor mir gesehen und mich immer wieder darauf aufmerksam gemacht, dass ich meine kostbare Lebenszeit verschwendete. Sie hatten erkannt, dass ich nicht in dem Beruf arbeitete, der meiner eigentlichen Berufung entsprach. Aber zu dieser Zeit war ich noch nicht imstande, das selbst zu erfassen, geschweige denn, etwas zu unternehmen.

Zum Glück hat sich das geändert. Die meiste Zeit meines Daseins bin ich heute mit mir im Reinen. Alles befindet sich stets im Fluss und es entstehen immer wieder neue Kontakte und Möglichkeiten. Es haben sich in meinem Leben Dinge ereignet, von denen ich nicht einmal geträumt hatte. Dazu gehört auch, dass ich dieses Buch schreiben und veröffentlichen konnte. Dass du dieses Buch gekauft und bis hierhin gelesen hast, macht mich glücklich und stolz, und dafür danke ich dir.

Veränderungen betrachte ich heute zum größten Teil nicht mehr als beängstigend, sondern als Herausforderungen, denen ich mich immer wieder stellen muss und auch gerne stelle. Manches Mal, das gebe ich unumwunden zu, bekomme ich dabei zwar immer noch ein wenig Magengrummeln, aber wie ich herausgefunden habe, schadet das nicht. Ganz im Gegenteil: Dieses kleine Magengrummeln schützt mich vor übereiltem Aktionismus. Und das ist in meinem Fall gar nicht schlecht, da ich manchmal dazu neige, etwas zu spontan und euphorisch zu agieren.

Wenn ich heute mit meinen Klientinnen und Klienten arbeite, so erfüllt mich das mit Stolz und Freude. Denn ich vermag es durch meine Arbeit, Menschen entspannter und glücklicher zu machen. Wenn sie mit einem Lächeln gehen und mir sagen „Das hat mir heute wieder so gutgetan, jetzt fühle ich mich viel wohler und gestärkter", dann macht das auch mich selbst ungemein glücklich und zufrieden. In letzter Zeit höre ich sogar immer wieder: „Sie sind ein Engel, Sie schickt der Himmel." Was für ein Kompliment und was für eine enorme Wertschätzung!

Wenn ich nach solchen Erlebnissen nach Hause komme, dann kann ich spüren, dass es ein sehr guter Tag war – nicht nur für meine Klientinnen und Klienten, sondern auch für mich selbst. Es ist eine für mich sehr erfüllende Tätigkeit.

Vor einigen Jahren traf ich eine langjährige Bekannte und sie fragte mich: „Was befähigt dich eigentlich zu dieser Tätigkeit?" Und ich antwortete: „Meine Ausbildung." Aber irgendwie ging mir ihr, wie mir schien, doch etwas negativer Unterton nicht mehr aus dem Kopf. Und als ich mir später die Zeit nahm und das Gespräch noch einmal Revue passieren ließ, da merkte ich, dass meine Ausbildung mich nur zum kleinsten Teil zu meinem Beruf befähigt. Und mir wurde bewusst, dass die Antwort somit nicht korrekt gewesen war. Da stellte ich voller Erstaunen fest, dass ich ganz unbemerkt wieder in mein altes Muster gefallen war und mein Licht unter den Scheffel gestellt hatte.

Du siehst, so ein kleiner Rückfall ist immer wieder drin. Aber wenn uns so ein Rückfall heute einholt, wissen wir, damit umzugehen.

Denn:

Wir haben unser Ziel erreicht.
Wir sind nun keine Opfer mehr, sondern Macher!

Und genau aus diesem Grund habe ich meine Antwort auf Fragen nach meiner Befähigung für die Zukunft noch einmal gründlich überdacht. Und sie lautet nun: „Was mich wirklich dazu befähigt, als Entspannungscoach zu arbeiten, sind neben meiner Ausbildung auch meine Lebenserfahrung und mein

Interesse an anderen Menschen, meine Leidenschaft dafür, ihnen zuzuhören und für sie da zu sein. All das und meine Persönlichkeit."

Lass mich dir zum Abschluss noch einen Ausschnitt eines Songtextes von *„Ich und Ich"* mit auf deinen Weg geben:

„SO SOLL ES SEIN

SO KANN ES BLEIBEN

SO HAB ICH ES MIR GEWÜNSCHT

ALLES PASST PERFEKT ZUSAMMEN

WEIL ENDLICH ALLES STIMMT

UND MEIN HERZ GEFANGEN NIMMT"

In diesem Sinne wünsche ich dir alles Gute und Schöne in deinem neuen befreiten Leben mit einem starken Selbstwertgefühl.

Sei herzlichst gegrüßt

deine Diana

DANKSAGUNG

Ein herzliches Dankeschön geht an meinen Verleger Lu Schmich und an Sabine Müller von dielus edition für ihr Vertrauen in mich und meine Arbeit sowie für ihre freundliche und tatkräftige Unterstützung bei all meinen Fragen und Wünschen.

Ein weiteres herzliches Dankeschön geht an meine wunderbare Lektorin Maren Klingelhöfer, die mich mit Rat und Tat unterstützt hat und mit ihren wertvollen Hilfestellungen immer auf den richtigen Pfad gebracht hat. Die Zusammenarbeit war mir ein großes Vergnügen.

Ganz besonders herzlich bedanke ich mich auch bei meinem Sohn Steffen, der immer für mich da ist und an mich geglaubt hat, der mich bis heute unterstützt und mir beratend zur Seite steht.

Ein großer und ebenso herzlicher Dank geht auch an meinen Partner Joachim, ohne dessen Unterstützung manches für mich nicht möglich gewesen wäre.

Bedanken möchte ich mich zudem bei meinen Kooperationspartnern, bei den Leserinnen meiner Kolumnen in der freundin online und bei meinen Followern auf Instagram, die mich durch ihre positiven Rückmeldungen dazu ermuntert haben, dieses Buch zu schreiben.

Und ein herzlicher Dank geht an euch, liebe Leserinnen, liebe Leser, die ihr euch dazu entschlossen habt, das Buch zu kaufen, damit zu arbeiten und es weiterzuempfehlen.

Und nicht zu vergessen, danke an meine lieben und sehr geschätzten Freundinnen (in alphabetischer Reihenfolge):

Andrea, Claudia, Iris, Renate, Silvana, Sonja, Steffi und Stephanie, die mich schon sehr lange durch mein Leben begleiten, mir immer wieder versichern, dass ich auf dem richtigen Weg bin, mich unterstützen und mir sagen, wie stolz sie auf mich sind.

Und vielen Dank auch an meinen Bruder Kai.

Ein weiterer Dank geht an Volker, von dem ich in den letzten Jahren sehr viel gelernt habe, und der mir immer eine große Hilfe war.

Ich danke euch allen von ganzem Herzen. Schön, dass ihr in meinem Leben seid!

Eure Diana

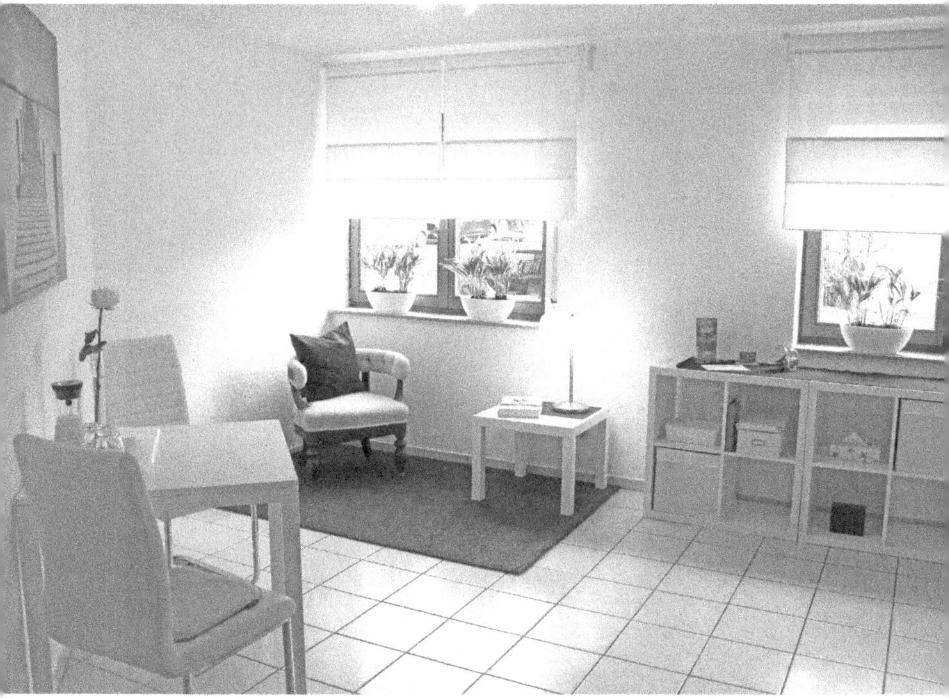

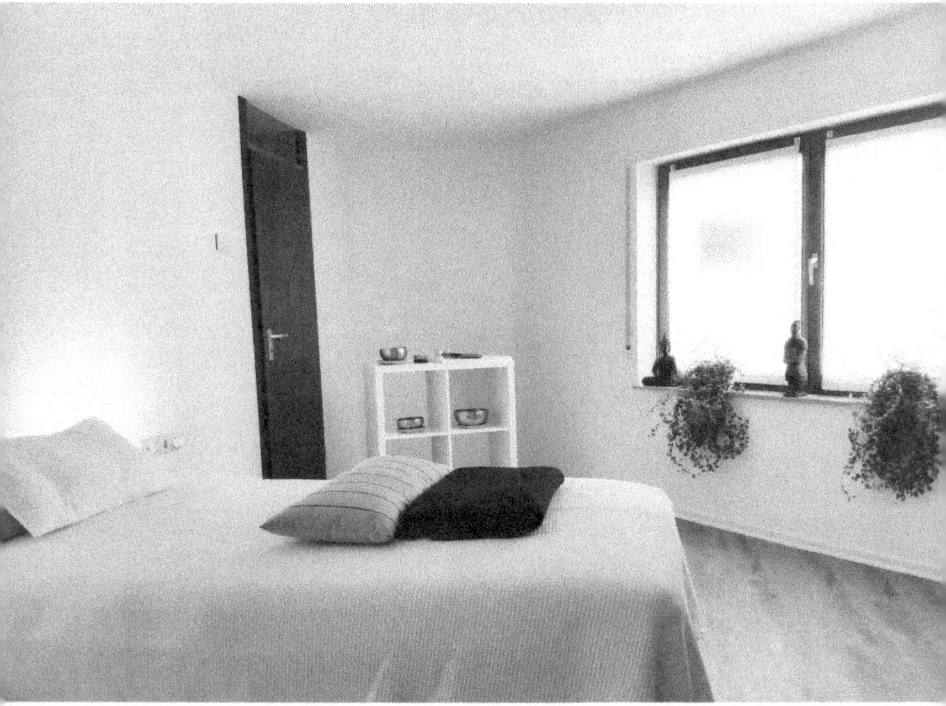

 DIANA SCHON-RUPP

LOS-GELÖST
ENTSPANNUNGSCOACHING
Persönliche Lösungswege gegen
Anspannungen und Ängste finden

- BEWÄLTIGUNG VON ALLTAGSSTRESS

- STEIGERUNG VON KONZENTRATIONS- UND LEISTUNGSFÄHIGKEIT

- REDUZIERUNG CHRONISCHER SCHMERZEN
  z.B. Rücken, Migräne, Unruhe, Kopf, Kiefer, Neuralgien

- ABBAU PSYCHOSOMATISCHER STÖRUNGEN
  z.B. Schlafstörungen, Unruhe, Tinnitus, Kopfschmerzen, Kieferschmerzen

- VORBEUGUNG VON HERZ- UND KREISLAUFERKRANKUNGEN

- BEWÄLTIGUNG VON LAMPENFIEBER
  z.B.vor Prüfungen, Präsentationen, Auftritten

- STEIGERUNG DES WOHLBEFINDENS

**Ausführliche Informationen zu Einzelstunden, Gruppenkursen,
Seminaren oder Kursspecials findest du unter:**
https://los-gelöst.de

Auswahl der Entspannungsverfahren im Entspannungsraum:

- STRESSMANAGEMENT

- KLANGSCHALENENTSPANNUNG

- MEDITATIONEN

- KIEFERENTSPANNUNG

- ATEMTECHNIKEN

- PROGRESSIVER MUSKELENTSPANNUNG

- AUTOGENES TRAINING

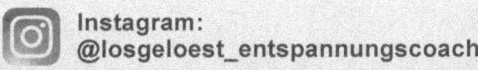 **Instagram:**
@losgeloest_entspannungscoach

URSULA INES KEIL

Dein Inneres zeigt Dir den Weg
*Die geheimnisvolle Sprache der inneren
Stimme verstehen lernen*
ISBN 978-3-9820125-7-5

DANIELA GALITZDÖRFER

Denk Dich schlank
*Warum eine perfekte Figur
eine Frage der Geisteshaltung ist*
ISBN 978-3-9822120-1-2

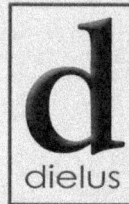

dielus edition
www.dielus.com

DR. HERMANN RÜHLE

Was bin ich? Wie bin ich? Wozu bin ich?
Wie ich erkenne, wer ich wirklich bin
ISBN 978-3-9819383-4-0

MONIKA RICHRATH

Die Geheimnisse des gesunden Schlafs
Ursachen für Schlafstörungen entdecken und auflösen
ISBN 978-3-9819383-8-8

 Instagram: @dielusedition

Warum LUCA TAGEBÜCHER etwas Besonderes sind:

- Sie sind grundsätzlich liebevoll illustriert und hochwertig gebunden.
- Sie enthalten schöne Lebensweisheiten oder inspirierende Fragen.
- Durch sie entstehen zauberhaft anzuschauende Nachschlagewerke, gefüllt mit dem eigenen Leben mit all seinen Erlebnissen und Erkenntnissen.
- LUCA TAGEBÜCHER bereichern den Alltag und sind die perfekte Geschenkidee.
- www.lucatagebuecher.com

Tagebuch illustriert mit Aquarellmalerei und schönen Sprüchen zum Nachdenken

Das klassische LUCA TAGEBUCH mit viel Platz zum Schreiben, Malen oder selbst gestalten
ISBN 978-3-9823032-0-8

Erkenne die offenen Türen, die dich zu deiner Bestimmung führen

Das LUCA TAGEBUCH mit Fragestellungen für mehr Achtsamkeit und Erkenntnisse über den weiteren Lebensweg
ISBN 978-3-9823032-1-5

Täglich mehr Lebensfreude und Glücksgefühle

Das LUCA TAGEBUCH für mehr Lebenslust und Dankbarkeit mit Affirmationen und Fragestellungen, die der Seele guttun
ISBN 978-3-9823032-6-0

Instagram: @lucatagebuecher